ライシテから読む現代フランス

――政治と宗教のいま

伊達聖伸
Kiyonobu Date

Eurus Notus Boreas Zephyrus

岩波新書
1710

目次

目　次

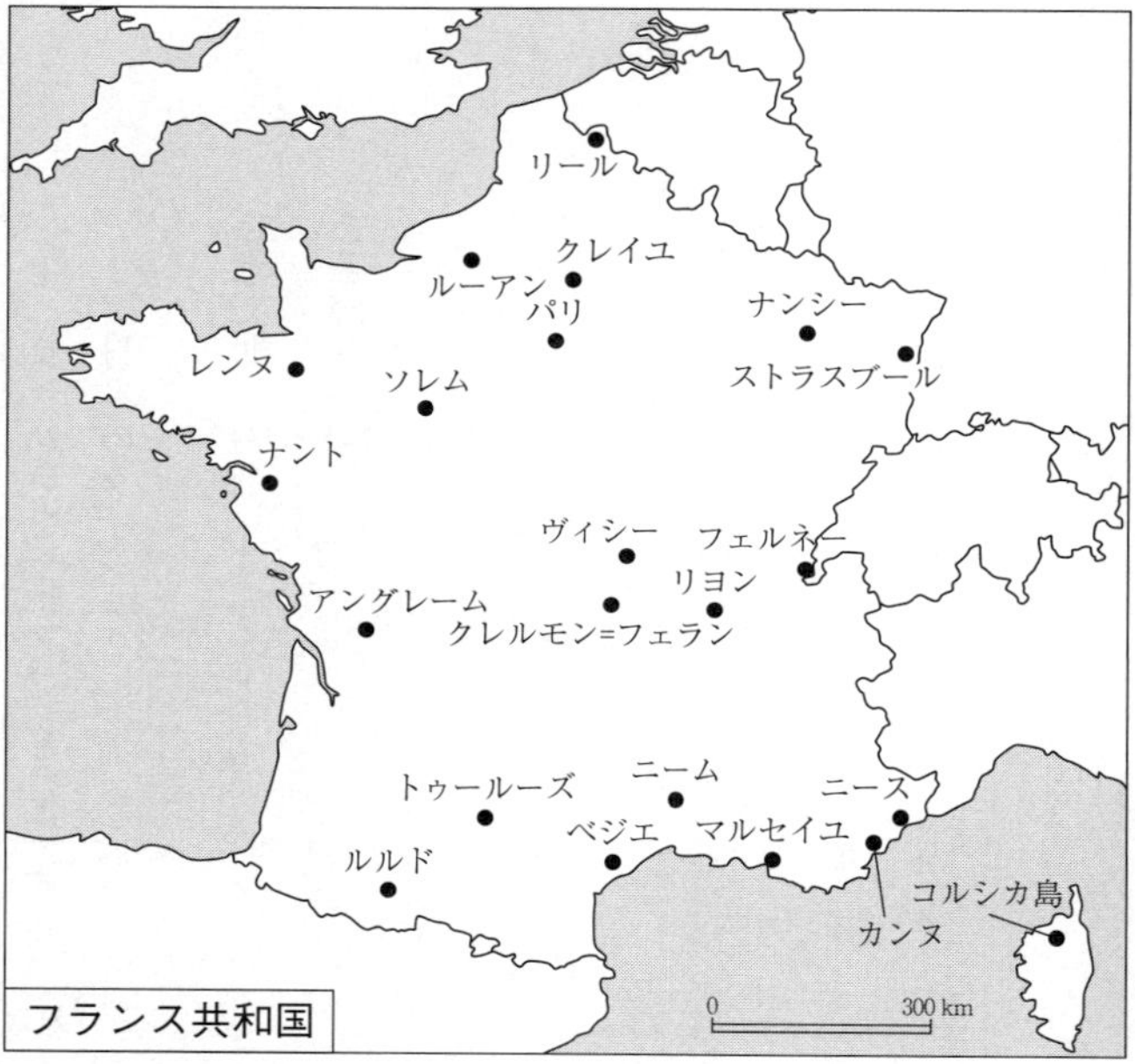
リール
クレイユ
ルーアン
パリ
ナンシー
ストラスブール
レンヌ
ソレム
ナント
ヴィシー
フェルネー
リヨン
アングレーム
クレルモン=フェラン
トゥールーズ
ニーム
ニース
ベジエ
マルセイユ
ルルド
コルシカ島
カンヌ
0
300 km
フランス共和国

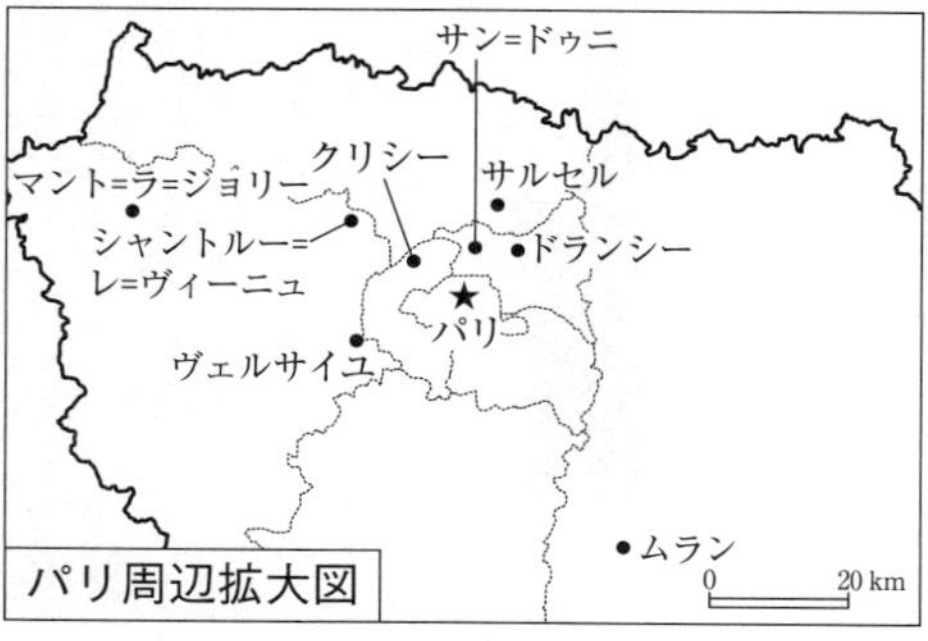
サン=ドゥニ
クリシー
サルセル
マント=ラ=ジョリー
シャントルー=
レ=ヴィーニュ
ドランシー
パリ
ヴェルサイユ
ムラン
0
20 km
パリ周辺拡大図

序章

共生と分断のはざまのライシテ

2017年フランス大統領選の顔ぶれ(左から順に，メランション，アモン，マクロン，フィヨン，ルペン)

1　揺れる共和国――テロ事件と大統領選挙から

ライシテは二つの顔を持つ

二〇一五年一一月一三日金曜日の夜。パリの一〇区と一一区、そして郊外のセーヌ＝サン＝ドゥニを襲った事件は、一般市民から一三〇名もの死者を出した。翌週、フランス市長会（AMF）の総会に集まった全国の市町村長二〇〇〇人は、国歌マルセイエーズを斉唱し、テロを糾弾するとともに、「ライシテ」が共和国の基盤にあることを確認した。

このライシテという原則を、市長たち――とりわけ郊外の市長たち――はどのように解釈し運用しているのだろうか。公共放送「フランス2《ドゥ》」は一一月下旬に放映されたニュース番組のなかで、二つの大都市郊外のルポルタージュを紹介している。

フランス東部ナンシーの南郊。ヴァンドゥーヴル＝レ＝ナンシーに暮らす住民三万二〇〇〇人の国籍は九八にも及ぶ。ステファヌ・アブロ市長は、結婚式に宗教は持ち込ませないと断固たる調子をにじませている。フランスでは、教会などでの宗教婚はあくまでオプション、役所での民事婚のみが法的に有効である。ただ紙を提出すればよいのではなく、市庁舎には「婚姻の間」があり、そこで儀式が執り行なわれる。「その最中に宗教的な文言が唱えられたとしましょう。式は即刻中止です」。

同市の施設は、内規でライシテの原則を定めている。市民団体に場所を貸すときには警戒を怠らない。アブロ市長は強調する。「部屋の使用者が絨毯を広げて祈り始めるようなことでもあれば、だめだと言って直ちに活動をやめさせます」。

一方、パリの北に位置し、八〇の国籍に及ぶ人口六万人を抱えるサルセルの場合はどうだろうか。フランソワ・ピュッポーニ市長は、市の体育館を年に数回、催し物のためにムスリムやユダヤ人に開放している。「もしも厳格なライシテを適用するなら、このような寛容は禁じられてしまうでしょう。行政と宗教の関係が断ち切られたら、サルセルのムスリム、ユダヤ人、カトリックに私たちができることはなくなってしまいます」。

サルセルの公立校の給食では、三種類のメニューが用意されている。宗教上の理由で豚肉などを食べることができない生徒たちへの配慮からだ。ピュッポーニ市長は言う。「宗教を実践する子どもに、宗教の掟を破らせるようなことはしません」。

厳格なライシテと柔軟なライシテ。同じ「ライシテ」のはずなのに、ずいぶんニュアンスは異なる。どちらがテロ対策に、ひいてはフランスの共生社会を展望するのに有効なのだろうか。番組の伝えるところによれば、大多数のフランス人は厳格なライシテを支持しており、宗教は私的空間に留まるべきだと考えているという。

左派における二つのライシテ

時計の針を一〇カ月戻そう。二〇一五年一月。七日から九日にかけて、風刺新聞『シャルリ・エブド』本社、警察官、ユダヤ系食品店が相次いで襲撃され、一七人が犠牲になった。一一日にはフランス全土で三七〇万人もの人びとが「私はシャルリ」を合言葉にして犠牲者を追悼するデモ行進を行なった。一三日、社会党のマニュエル・ヴァルス首相は国民議会の追悼演説で「フランスはテロとの戦争状態に入った」と述べ、議員たちは総立ちで国歌マルセイエーズを歌った。

このとき首相は、フランス共和国の価値の筆頭に「ライシテ」を挙げ、教育において最も重要なのが「ライシテ、ライシテ、ライシテ」なのだと、力を込めて三回この言葉を繰り返した。「誇りを持ってこの原理を掲げよう、われわれはライシテゆえに襲撃されたのだから」。このように述べて、ライシテとテロを正反対の位置関係に置いてみせた。

ヴァルスは厳格なライシテの考えの持ち主としてつとに知られている。見方によっては、彼はそもそもイスラームに厳しいとも十分に映りうるが、当人はライシテとイスラームは相容れないと述べたりはしていない。そのように考えるのは極右とテロリストで、自分は違うということのようだ。演説では、敵はイスラームのジハード主義者であって、フランス第二の宗教であるイスラームを奉じる多くの国民の保護が急務だと訴えている。

このように、ヴァルスはムスリムとテロリストを区別しようとしている。ところで、その彼はイスラームのヴェールを、危険なムスリムによる閉鎖的な共同体主義の象徴でテロにつながるおそれのあるものと見なしている。信教の自由の名のもとに、おいそれと着用を容認できるものではないのである。

今度はここから時計の針を二年進める。二〇一七年一月。春の大統領選挙を控えて、ヴァルスは左派の予備選挙の候補者のなかにいた。本来ならば、一期目の任期を終えようとするフランソワ・オランド大統領がそのまま二期目を目指すところなのだが、あまりの不人気から出馬を断念、左派の代表を決めるために七人の候補者が争った。政策論争のテーマのひとつがライシテだった。フランスの選挙は二回投票制が基本で、予備選挙でも一回目の投票の上位二名が決選投票に残る。勝ちあがったのは、ブノワ・アモンとマニュエル・ヴァルスだった。

社会党内で「左寄り」のアモンは、イスラームが他の宗教と同じような位置を社会に見出すことができるように調整をはかっていく必要があるという考えの持ち主だ。ライシテの基本法である一九〇五年の政教分離法は、「自由の法律」であって「ドグマではない」。

一方、社会党のなかでも「右寄り」のヴァルスは、アモンのライシテを「曖昧」と批判し、「調整のリスク」を指摘する。ライシテとは「共同体主義に対する闘争」である。この闘争においては、一歩も譲ることがあってはならない。ヴェールは共和国に反する政治的イスラームの象徴であり、着用禁止の範囲を公立校から大学にも広げるべきである。海辺でのブルキニも認められない。ブルキニとは、顔と手の部分以外を覆うムスリム女性用の水着のこと。二〇一六年夏にカンヌをはじめとする南仏の自治体の市長が条例でこの服装を禁じたことが、着用の是非をめぐる論争に発展した。

左派の予備選挙を制したのはアモンだが、それは彼のライシテ観が広く支持されたことを意味しない。社会党は大統領選で主導的な役割をまったく果たすことができなかった。

右派にも二つのライシテ

二〇一六年一一月には右派の予備選挙があった。サルコジ前大統領を含む七人が立候補し、やはりライシテが論点のひとつになった。右派の共和党の政治家たちは、イスラームのヴェールを禁止する範囲をどこまで広げるかについて、すでに夏頃から熱心に論じていた。浜辺でのブルキニや大学でのヴェールを禁じるべきだという論調が主流を占めた。美術館やメトロでも禁止すべきだと主張する候補者もいた。一方、ヴェールを政争の具にしてはいけない、恐怖を弄《もてあそ》ぶべきではないと冷静な対応を呼びかける候補者もいた。

二回目の投票に残ったのは、アラン・ジュペとフランソワ・フィヨンだった。ここでも二つのライシテ観の競合が見られた。

ジュペはフランス国立行政学院卒のエリート政治家で、以前より将来の大統領を嘱望されていた。汚職事件に巻き込まれるなどして人気が低迷した時期もあったが、一時は二〇一七年の大統領選挙の最有力候補と目されていた。ジュペは、「ムスリム」という言葉を聞いただけでヒステリーを引き起こすような現在のフランスの状況を沈静化しなければならないと述べ、厳格なライシテのあり方を批判している。彼は二〇〇五年から翌年にかけて北米のフランス語圏であるカナダのケベック州に滞在しており、宗教に対して開かれたライシテの利点を学んでいる。ブルキニや大学でのヴェールを禁じる法律には反対、マイノリティ宗教に配慮した学校給食のメニューを用意することに賛成の立場である。

一方、フィヨンはフランス西部のカトリックの影響力が強い地域の出身で、ジュペのようにグランド・ゼコール卒のエリートというよりは、地元叩きあげの政治家である。「イスラーム原理主義者たちの挑発」を抑え込むための法律は必要であり、反ブルキニ法を採択する用意はできていると発言している。地元サルト県のソレムにある修道院と関係が深く、カトリック的な道徳規範に愛着を持つ一方、二〇一二年に首相だったときには、ハラール食品やカシェール食品(それぞれイスラーム法、ユダヤ教の律法において食べることが許されている食品)を「時代遅れの伝統」と批判している。

全般的に、右派のライシテはイスラームのヴェールに対して頑とした態度で臨む厳格なものだが、フィヨンのライシテは、それを基調としながらもカトリックに対しては開かれていることが特徴的である。一方、ジュペのライシテからは、マイノリティ宗教に対する配慮の様子が窺える。右派の予備選挙に勝利したのはフィヨンで、この時点ではおそらく次期大統領の座に最も近い位置にいたが、勤務実態のない妻に多額の給与を与えていたことが発覚して失速した。

ルペン、マクロン、メランション

左右の有力政党の候補者が、そもそも一次投票の通過さえ危ぶまれ、結局決選投票に残れなかった大統領選。ここには、既成政党の機能不全という現代フランスの政治に起きている地殻変動の大きさが表われている。左派でありながら右派と見まがうヴァルスのライシテ。右派でありながら左派リベラルの要素を取り入れているように見えるジュペのライシテ。従来の右派と左派の区別がつかなくなってきていることをＵＭＰＳ（ＵＭＰは共和党の前身「国民運動連合」、ＰＳは「社会党」）と揶揄《やゆ》し、今回の大統領選で最初から決選投票に残ると予想されていたのが国民戦線（ＦＮ）のマリーヌ・ルペンである。

国民戦線はマリーヌの父ジャン＝マリ・ルペンが一九七二年に創設した極右政党で、露骨な反ユダヤ主義的発言などを繰り返してきたが、二〇一一年に党首になった娘マリーヌはあからさまな人種差別的な言辞を控えるようにし、同党がソフト化した印象を与えている。近年のＦＮは「極右」か「右翼」か、日本語表記でも判断が難しいようだ。

その彼女が党首になってから、ライシテという言葉は国民戦線が用いるキーワードのひとつになっている。マリーヌ・ルペンは、共和国の根本的価値としてのライシテの名において、公立校でのイスラームのヴェール着用を禁じる現行法の範囲を大幅に拡大しようとしている。また、説教はフランス語で行なうよう義務づけ、過激派の拠点とされるモスクを閉鎖することなどを提言している。いずれも、ムスリムにレッテルを貼ることによって、ナショナル・アイデンティティを調達し、強化しようとするものだと言える。

二〇一七年の大統領選でもうひとつの台風の目となったのは、オランド政権下のヴァルス内閣で経済大臣を務めていたエマニュエル・マクロンである。もともと社会党員だが経済的自由主義の考えの持ち主で、「左派でも右派でもない政治」を目指して新しい政治運動「前進！」(En Marche! は彼のイニシャル E. M. に対応している)を立ちあげ、経済相を辞任して大統領選に出馬した。

ライシテに関してマクロンは、一九〇五年の政教分離法は「自由が本分で禁止は例外」との見解を示している。公立校でのヴェール禁止は大部分の国民のコンセンサスを得ているとして追認する一方、これを大学にまで拡大する措置には反対している。「テロリズムを礼賛するモスク」は閉鎖すると断固たる態度を見せつつ、イスラーム教の指導者イマームを大学のカリキュラムで共和国の価値に馴染ませる、学校で「宗教事象」を取り扱う教育を行なうなど、バランスを取ろうとしている。

さらに大統領選の終盤で追い上げを見せたのが、極左のジャン＝リュック・メランションである。泡沫候補化したアモンへの票がどれだけメランションに流れたのかはともかく、少なくとも見た目の上では、本来なら社会党に集まってよいはずの票が、右隣からはマクロン、左隣からはメランションに食われた格好である。

メランションは、ライシテを反イスラームの道具にする風潮に警鐘を鳴らしている。全身を覆うヴェールの禁止には賛同しているが、そうでないヴェールについては法制化の必要はないとの考えだ。ところで、メランションの主張で特徴的なのは、一九五九年のドゥブレ法の廃止を唱えていることである。この法律は、共和国と契約を結んだ私立学校(おもにカトリック)に補助金を出すことを認めるもので、かつてのライシテ問題の最大の焦点であった教育をめぐる共和派とカトリックの争いを収束に向かわせた。現在では広くコンセンサスを得ているこの法律を、メランションは見直す必要があるという。

2　なぜ、いまライシテなのか

戦闘のライシテの優勢、包摂のライシテの劣勢?

今回の大統領選に出馬した候補者は、全員ライシテの原則を掲げているが、その中身はずいぶん異なっている。ライシテの専門家フィリップ・ポルティエは、候補者のライシテ観を三つの類型に分類している(『ル・モンド』二〇一七年四月一一日付)。

ポルティエの整理によれば、メランションが主張しているのは「分離主義的なライシテ」である。宗教に対する補助金の廃止を定めた一九〇五年の政教分離法の精神に立ち戻るべきで、私的な宗教を公的に優遇するような修正措置は、国家を前にした万人の平等の原則に反するという見解である。

これに対し、マクロンとアモンのライシテは「調整の余地を認める分離モデル」と評すことができる。政教分離法に謳われている自由の精神に鑑み、宗教共同体とりわけムスリムたちにレッテルを貼る傾向に批判的で、妥協や対話に開かれた姿勢を示そうとする。ただし、その態度には曖昧な部分が残り、文言による具体的な定式化には至っていない点が意味深長だとポルティエは指摘する。宗教の自由を前面に押し出すことは、選挙においては大きなリスクを背負うことになることが示唆されていよう。

一方、フィヨンとルペンが唱えているのは「アイデンティティのライシテ」である。ニュアンスに違いを設けるとすれば、フィヨンは「共通の価値」に訴えるのに対し、ルペンは「共和主義的な同化」を強調するとポルティエは言う。ライシテの名のもとに、フランスのカトリック的なアイデンティティを密かに回収しようとする傾向が右派にも極右にも見られる。それはイスラームの台頭を脅威と喧伝する傾向と背中合わせである。

二〇一七年の大統領選挙は、一次投票でマクロンとルペンが勝ちあがり、マクロンが決選投票を制した。「調整の余地を認める」ライシテの理念が具体的にはどう政策に生かされるのか。新自由主義的な経済政策によって格差が拡大すれば、多くのムスリムたちが置かれている境遇はいっそう悪化するのではないか。マクロンの「開かれたライシテ」によっても、共生の展望を描くのは容易ではない。

それにしても、大統領選でここまでライシテが取り沙汰されたのは、おそらくはじめてである。前回までの大統領選では、ライシテの争点化はむしろ避けられてきたように思われる。なぜだろうか。

もともとライシテは、共和派対カトリックの「二つのフランスの争い」の歴史のなかで発展を遂げ、その争いに調停をもたらす成果をあげたものである。政治的には左派の原理であった。二〇世紀半ばから後半にかけてのライシテの争点は、メランションが今なおこだわりを見せる問題、すなわち私学助成の是非にほぼ限定されていた。これは基本的には収束した共和派対カトリックの争いの名残りと言うべきものであった。

ところが、一九八九年のスカーフ事件以降、ライシテはムスリム系移民の人権や統合の問題と絡めて論じられるようになった。二〇〇一年の九・一一以降は、ムスリムに対する社会の視線がいっそう厳しくなり、多様性の共存よりも共和国への統合が強調されるようになる。それにつれて、右派がライシテを共和国の統合原理としていくようになる。

このような状況のなかで、ライシテは左派内部の分断を明るみに出しかねないテーマとなる。左派には、宗教批判を共和国の精神と見なす者と、リベラルな立場から宗教的マイノリティの人権を重視する者がいるからである。

二〇〇七年の大統領選挙ではニコラ・サルコジ(国民運動連合)とセゴレーヌ・ロワイヤル(社会党)が争ったが、この時点ですでにライシテはサルコジ側に有利なテーマで、ロワイヤル側は積極的な議論を仕掛けにくかった。

現職サルコジにオランドが挑んだ二〇一二年の選挙では、オランド候補はライシテを憲法に書き込むと宣言したが、これは抽象的な約束で機先を制し、具体的な議論への深入りを避ける戦略であったように思われる(実際、オランドは大統領任期中にこの公約を果たさなかった)。

二〇一七年の大統領選挙においてライシテが大きな話題の一角を占めた要因として、イスラームのジハード主義者たちによるテロ事件の続発もさることながら、このテーマを正面から扱うことを回避するようにしてきた社会党の地盤沈下も無視できないだろう。

ライシテとは何か──その原理と解釈の幅

その点を押さえつつ改めて考えるなら、ライシテが今回の大統領選挙の主要テーマのひとつとなったのは、別段驚くべきことではない。ライシテの歴史は近代フランスの民主主義の歩みと重なり、現代フランスにおいて重要なテーマであり続けているからである。

ライシテの歴史は古くにさかのぼるが、一七八九年のフランス革命がやはりひとつの特権的な起点をなす。神授権を賦与された王に代わって市民が主権者となり政治権力を構成するようになった転換こそが、やはり革命の革命たるゆえんであり、宗教に抗して人間の自律と尊厳を勝ち取った歴史と記憶が、共和国フランスのライシテ理解の根幹に横たわっている。

ライシテにはさまざまな側面があり、一義的な定義は不可能である(もしくはあまりに一面的で不十分である)。複合的な要素を組み合わせてみても、そこには定義を試みる者の立場性が必然的に反映される。それでもあえてひとつの定義を試みるならば、ライシテとは、宗教的に自律した政治権力が、宗教的中立性の立場から、国家と諸教会を分離する形で、信教の自由を保障する考え方、またはその制度のことである。法的な枠組みでもあるが、国民国家のイデオロギーとして、さまざまな価値観とも結びつく。それゆえ、ひとつの逆説として、宗教から自律しているはずのライシテ自体が、あたかもひとつの宗教であるかのような相貌で立ち現われてくる場合もあるだろう。
革命後のフランスにおいては、カトリックの巻き返しなどもあって、共和派対カトリックの「二つのフランスの争い」は長く続いた。だが、一九〇五年に政教分離法が成立して、政教関係の枠組みにはひとつの決着がついた。この法律こそ、現在にまで至るライシテの基本法である。その第一条と第二条を見てみよう。

第一条　共和国は良心の自由を保障する。共和国は、公共の秩序のために以下に定める制限のみを設けて、自由な礼拝の実践を保護する。
第二条　共和国はいかなる宗派も公認せず、俸給の支払い、補助金の交付を行なわない。

制定の経緯は次章で確認することにして、ここで指摘しておきたいのは、良心の自由の保障と自由な礼拝の実践の保護を謳う条文が筆頭に掲げられ、国家と宗教の分離を定める条文に先行していることである。実際、この法律は「二つのフランスの争い」が頂点に達するさなかに制定されたものだが、法律の精神は自由主義的なのである。
ところで、信教の自由と政教分離はどういう関係にあるのだろうか。個人や集団が自由に宗教を信じたり実践したりすることができるよう、政治と宗教を分離しておく必要があると考えるならば、両者は互いに支え合う関係にある。政治と宗教を別の秩序にすることでこそ、信教の自由の空間が切り開かれると考える場合も同様である。だが、信教の自由があまりに肥大化した場合には、政治と宗教の分離が脅かされるのではないか。また、厳密な政教分離の考え方が守るべき価値として信者に押しつけられると、信教の自由は空文化してないがしろにされるのではないか。このように、信教の自由と政教分離は対立関係にも入りうる。そして、この矛盾が抜き差しならないものになった場合には、往々にして解くことが困難なアポリアになる。

近年のフランスにおいて、両者が鋭く拮抗する事例として念頭に浮かべられることが多いのは、イスラームのスカーフまたはヴェールの着用をめぐる問題であろう（「スカーフ」と「ヴェール」の言葉のニュアンスの違いについては一三二頁以下を参照）。

以下の章でも立ち戻ることになるが、公立校でのヴェール着用を禁じる二〇〇四年の法律制定に先立ち、ライシテについての議論を深めることを目的とするスタジ委員会が設けられた（座長ベルナール・スタジの名にちなむ）。委員会の報告書では、ライシテの原則は「国家の中立性」と「良心の自由の保障」の二重の要求に応えようとするものと定式化されている。ところで、この二重の要求は、「断じて両立不可能ではないが、潜在的に矛盾をはらむ」と記されている。そこに、緊張関係や線引きの問題が生じてくる。

スタジ委員会報告書は、現代フランスにおいて増大している宗教的・文化的多様性に配慮すべきであるとも訴えているが、社会統合の原理が脅かされているとの危機意識にも貫かれている。共和国は「前代未聞の困難」に直面しており、とりわけ学校では一般的な規則よりも「共同体の信念」を優先させる傾向が見られ、ライシテは弱体化してうまく機能しなくなっている。このような現状認識に立って報告書は、宗教的標章の着用は生徒自身の意志というより、親や家族などの要求によるものと解釈している。そして、そのような抑圧から「個人を守る」ことが、ライシテの国家の使命であると主張している。

このような解釈によって、学校におけるヴェール着用禁止は「国家の中立性」と「良心の自由の保障」の二重の要求にかなうことになった。その代わり、自分自身の意志でヴェールを被ろうとする女子生徒の良心の自由や信教の自由が犠牲になったことは否めない。

本書の狙いと構成

本書では、ライシテがけっして一面的なものではなく、歴史のなかで多様なあり方をしてきたこと、現在においても多面的な複合体であることを示したい。

第1章では、ライシテ体制と敵対的だったカトリック教会がそれに適合していく歩みをたどり、政治と宗教の厳格な「分離」と思われがちなフランスのライシテが、宗教の公共性を「承認」するものでもあることを見ていこう。この二重の論理を土台に、「治安」を重視する姿勢やライシテをフランスの「アイデンティティ」と主張する声が高まっているのが、近年の動向だと言える。

この概観から、少なくとも二つの問いを立てることができる。ライシテ体制が「承認」の面も持つなら、宗教復興や宗教の公共化と言われる現代世界の潮流は、フランスではどのような形を取るのだろうか。その具体例として、二〇一二年から翌年にかけて起きた同性婚法制化反対運動においてカトリックが果たした役割を検討する。

もうひとつの問いは、フランスの「アイデンティティ」として再発見されることになったライシテは、かつての敵対相手だったカトリックを、今度は和解を遂げたパートナーとして、むしろフランスのアイデンティティに組み入れているのではないか、というものである。このようなライシテを「カト＝ライシテ」と呼ぶことにしよう。

カト＝ライシテは、たしかに「カトリックに優しく、イスラームに厳しい」と評されてもおかしくない面を持つ。だが、現代のライシテをそのようなものと見切りをつけてよいものかどうか、裁判の事例を通して検討する。

第2章では、このようなカトリ＝ライシテの論理が近年になって突如として出現したものというより、むしろ一般にライシテが確立したとされている時代よりも前から存在していたモチーフが、歴史のなかで反復され、変奏され、変化しつつ生成してきたものではないかということを、宗教的マイノリティとの関係から論じる。

プロテスタントの商人が不十分な裁判で死刑に処された一八世紀後半のカラス事件、ユダヤ人将校が無実の罪に問われた一九世紀末のドレフュス事件、そして二〇世紀末から二一世紀にかけてのイスラーム・スカーフ事件。これらをたどると、カトリックが国教だった革命以前のみならず、市民の平等を謳っているはずの革命後のフランス社会にも、ある種の包摂と排除の論理が繰り返し立ち現われてきたことが確認できる。

しかし、言いたいのはそのことだけではない。社会の成員の一部を排除しようとする「われわれ」を批判する言論が、ほかならぬ「われわれ」の側から出てくるということ。これもフランスの歴史のなかで反復されてきた事実を、同時に強調しておきたいのである。

第3章では、フランスのムスリムがライシテをどのようにとらえているのかを探る。フランスのムスリムは実に多様で、制度化されたイスラーム――それはライシテの枠組みに適合的な方向に収斂していく傾向を持つ——を扱うだけでは不十分である。一方、制度や体制に回収されないムスリムの多様な生きざまを解明する社会調査や研究の蓄積はまだ十分とは言えず、今後の展開が待たれる。本書では、おもに言論人や社会運動家の言動に注目し、多様性の一端を提示する。

一歩立ち止まって考えれば当然だが、フランス育ちのムスリムは「フランス化」されており、多かれ少なかれ共和国の理念を内面化している。その理念と現実のはざまで抱える葛藤を、解放・同化・統合と抵抗・拒絶・暴力の極に対置してみよう。そのスペクトルの果てにあるジハード主義の脅威は現実のものだが、そこからライシテとイスラームは敵対するという結論を導き出すことは妥当だろうか。

終章では、ライシテがフランスを超えた広がりを持つものであることを、ケベックの事例を通して示し、ライシテの比較研究に日本も位置づけられることを主張したい。

ライシテをめぐる問いが突きつけるアポリアは、そう簡単に答えが出せる性質のものではない。解きがたい問いは宙づりにしたままで手放す叙述を、本書はむしろ積極的に取り入れている。読者とともに考えることができれば幸いである。

第 1 章

ライシテとは厳格な政教分離のことなのか

Ⓒ Piet

「フランスのライシテの歴史」のカリカチュア(部分)
左：1905 年法制定時のライシテ(ライシテ対カトリック)
右：現在のライシテ(カト＝ライシテ対イスラーム)

1　分離から承認へ

反宗教的なライシテと宗教を管理するライシテ

フランスのライシテには、非常に厳格な政教分離、ひいては反宗教のイメージがつきまといがちだ。だが、政教分離法成立の過程をたどると、複数のライシテ観が競合していたこと、そして反宗教的なライシテの主張が退けられ、信教の自由を保障するライシテが法制化された様子が見えてくる。

政教分離法案を審議する議会で反宗教的なライシテを唱えた人物に、社会主義者で自由思想家のモーリス・アラールがいる。一九〇五年四月一〇日、南仏ヴァール県選出のこの代議士は、教会に自由を与える内容の法案に反対する演説を行なった。彼にとっての政教分離とは、教皇庁を中心とする「ローマ連合を粉砕すること」だ。「教会との決定的な戦いを企てるまさにそのときに、武器を捨てて、教会にいわゆる自由な法案を与えよと求められるのは驚きです」。アラールは言う。「キリスト教は共和国の社会的発展にとっての、そして文明へと向かうあらゆる進歩にとっての永遠の障害」である。「教会、カトリック、さらに言えばキリスト教は、いかなる共和国体制とも両立不可能」とまで述べている。極左からの喝采を受けたこの社会主義者の反対提案は、しかしながら四九四対六八の多数で否決されている。これは、宗教を敵視するライシテを議会が退けたことを意味する。

ところで、すでに一九〇三年一月二六日の議会において、モーリス・アラールは、宗教予算の廃止を提案していた。当時首相の座にあった反教権主義者エミール・コンブの同意を期待してのことである。どういうことだろうか。簡単に背景を説明しておこう。

一九世紀初頭にナポレオンが教皇庁と締結した「コンコルダート」(宗教協約)に基づく政教体制のもとでは、カトリックのほかプロテスタントとユダヤ教が公認宗教とされ、聖職者は国家から俸給を受け取っていた。共和派は第二帝政末期の一八六九年の選挙で「政教分離」をプログラムに掲げたが、議会での多数派形成に一〇年を要した。一八八〇年代には教育改革を断行したが(フェリー法は初等教育の義務化と公教育の無償およびライシテを、ゴブレ法は教員のライシテを定めた)、政教分離には踏み切ることができずにいた。

ところが、一九世紀末のドレフュス事件(第2章3節参照)を機に、共和派対カトリックの「二つのフランスの争い」が再燃した。「共和国防衛」をスローガンに掲げたヴァルデック＝ルソー内閣のもとで成立した一九〇一年七月一日法は、一方ではアソシエーションの自由な結成を認めたが、他方では修道会に厳しい規制を加えるものだった。同法への賛否を問う性格を帯びた一九〇二年の選挙では左翼連合が勝利し、急進派で反教権主義者のエミール・コンブが首相の座に着いた。いよいよ政教分離の機が熟したようにも見える。

ところが、宗教予算の廃止を呼びかけたモーリス・アラールの期待に反し、コンブは宗教予算を廃止したら国は混乱に陥る、長いあいだ宗教思想によって育まれてきた人びとを自由思想が導く時期はまだ到来していないと答弁し、議会を驚かせたのである。

コンブが宗教予算をつけたのは、カトリック陣営に配慮したからだろうか。そうではない。コンブは二五〇〇もの修道会系の学校を閉鎖し、修道会の認可申請を組織的に却下するなどの弾圧政策を強行した。彼がコンコルダート体制を維持しようとしたのは、それが予算の拠出と引き換えに宗教に対する規制と監視を強化することのできる枠組みだったからである。政教分離によってその手綱を手放したら、もはやそのようなことは不可能になる。

政教分離に舵を切るコンブ

もっとも、コンコルダートを宗教弾圧の道具に用いたコンブの厳しい宗教政策が、結果的に政教分離への道を切り開くことになったのは、歴史の皮肉というものだろう。

一九〇四年四月、エミール・ルベ大統領がイタリア国王ヴィットーリオ・エマヌエーレ三世をローマに表敬訪問した。教皇ピウス一〇世にとり、これは許しがたい行為だった。一八七〇年のイタリア王国によるローマ教皇領併合をフランスが認めることを意味していたからだ。このような状況のなか、コンブは修道会による教育を全面的に禁止する法律を採択した。さらに、教皇庁がフランス政府寄りの司教二人をローマに呼びつけようとしたところ、コンブは政府の許可なく司教は司教区を離れることはできないというコンコルダートの規定を持ち出して反対した。こうして七月三〇日、フランスとヴァチカンは国交の断絶に至った。コンコルダートは両国の外交条約でもあったため、新しく政教関係の法的な枠組みを整える必要が生まれた。

政教分離の方針を明らかにしたコンブは、議会に法案を提出した。だが、コンブの法案は、礼拝のための費用および聖職者への給与を廃止したうえで、教会を当局の厳しい監視のもとに置こうとするものだった。良心の自由や礼拝の自由を規定する条文は含まれていなかった。

国家が宗教をしたがえ、宗教に介入する政教関係のモデル。これは、フランス革命以前に成立していたガリカニスムにさかのぼる。ガリカニスムとは、現在のフランスに相当する土地のかつての名称「ガリア」に暗示されるように、ローマを総本山とするカトリック教会をフランス国内では国家の監視と保護のもとに置こうとすることである。アンシャン＝レジーム期には国教の地位にあったカトリックは、ナポレオンのコンコルダート体制下では公認宗教のひとつとなったが、国家が宗教を管理する図式は維持された。コンブのライシテは、国家が宗教に介入するこのモデルを引き継ぐもので、宗教の自由に制限を加えつつ、さまざまな宗教の上位にある国家が精神的イデオロギーの役割を果たすことを期すものである。このガリカニスムのライシテにおいては、良心の自由や礼拝の自由がないがしろにされるおそれがあり、いわばライシテそのものがひとつの宗教のようなものになる。

ところで、実際に成立した政教分離法のもととなったのは、このコンブの法案ではない。彼は政府が公務員および軍人に内密の身上調査を行なっていたスキャンダルに巻き込まれ、一九〇五年一月に首相を辞任している。

自由主義的な政教分離法

一九〇五年三月から議会で審議された政教分離法案は、一九〇三年六月に下院に設けられた宗教問題特別委員会の案をもとにしている（そして新しい内閣のもとで宗教大臣を務めたビヤンヴニュ＝マルタンによる政府案との調整がはかられた）。下院の委員会は、プロテスタントのフェルデイナン・ビュイッソンを委員長とし、アリスティッド・ブリアンを報告者とする三三名から構成され、委員には社会主義者も急進派も自由主義者もカトリックもいた。ブリアンは妥協の精神を発揮して、穏健共和派フランシス・ド・プレサンセの政教分離法案をもとに委員会案を錬りあげた。要点を一言で言えば、自由主義的な法案だった。

政教分離法の第一条は、「共和国は良心の自由を保障する。共和国は、公共の秩序のために以下に定める制限のみを設けて、自由な礼拝の実践を保護する」と規定している。この条文が議会で審議された際、共和派の主張する自由とは宗教の否定ではないのかと疑念を抱くカトリックの議員に対し、宗教はこれまでになかった自由を享受できるとブリアンは答弁している。

同法の第二条は、「共和国はいかなる宗派も公認せず、俸給の支払い、補助金の交付を行なわない」と国家と宗教の分離を定めている。国家が宗教を規制することができるコンコルダートの利点を説くボナパルティスト（ナポレオン支持派）の議員に対しては、国家は宗教的中立性を守り、宗教が自由に組織できるようにしなければならないとブリアンは主張している。

ところで、政教分離法の最大の争点は、コンコルダート体制における公認宗教の組織「宗教公施設法人」を、市民社会における民間組織の「信徒団体」に再編することを規定した第四条であった。わかりやすく言えば「民営化」である。カトリックは、この新たな受け皿となる組織は、教皇を頂点とする位階制を揺るがすと危惧した。このときジャン・ジョレスは、王党派議員と水面下で接触をはかり、いかなる条件であればカトリックが政教分離法を受け入れることができるかを探っている。こうして第四条には、「宗派の組織の一般的な原則に適合した〔団体〕」という文言が付け加えられた。カトリック教会の組織形態を意識してのことである。

このように修正された第四条に、実は下院の宗教問題特別委員会で委員長を務めたビュイッソンは反対票を投じている。このことは、プロテスタントであるビュイッソンのライシテと、社会主義者ジョレスおよびブリアンのライシテのあいだの微妙なニュアンスの違いを浮かびあがらせる。どちらも自由主義的な分離であって、決定的な対立とまでは言えないが、「個人」の信仰を重んじるのがビュイッソンだとすれば、ジョレスとブリアンは宗教を「組織」の重みを持つものととらえている。

ライシテ研究の専門家ジャン・ボベロは、政教分離法制定当時には四つのライシテの類型の競合と趨勢の転換が見られたと論じている。それは、宗教を敵視する「反宗教的なライシテ」と宗教を管理統制する「ガリカニスムのライシテ」が退けられ、「個人の信仰を重んじるライシテ」と「宗教組織に協調的なライシテ」が制度化されたと要約できる。

受け入れ拒否のカトリック教会の「合法化」

このように宗教に自由を与える政教分離法の枠組みは、宗教の側にとっても受け入れることができるはずのものであった。プロテスタントとユダヤ教はこの法律を歓迎し、施行から一年以内に結成することが定められていた信徒団体を組織した。

カトリックのなかにも、この新しい法律は信者の信仰と実践を妨げるものではないと理解していた者はいた。だが、教皇ピウス一〇世は、一九〇六年二月、司教およびフランス人に呼びかける回勅を発し、コンコルダートを一方的に破棄したフランス政府と政教分離法を激しく糾弾した。

宗教公施設法人を信徒団体に再編するには財産移管の手続きが必要であったが、財産目録作成のために共和国当局が教会に立ち入ることは神聖な場所の冒瀆であると受け止めたフランス各地の聖職者および信徒たちは、激しい抵抗運動を展開した。

一九〇六年五月、フランス司教団は二月の教皇の回勅を全面的に支持したうえで、教会を法的に不安定な状況に置くのは望ましくないと考え、信徒団体の結成は可能との判断を密かに下していた。しかし、教皇は八月に新たな回勅を発し、信徒団体の結成を禁じた。

このため、法律施行から一年が経過し、教会の財産は宙に浮き、国家に没収されることになってしまった。しかも、カトリックの礼拝は違法行為になってしまう。そこでブリアンはいくつかの法整備を行なった。まず、一九〇七年一月二日法によって、礼拝の場所（教会）を聖職者と信徒が無償で使用できるようにした。次に、同年三月二八日の法律によって、集会を行なうために必要とされていた事前申告を不要にした。信徒団体の結成を拒否したカトリックの礼拝は、こうして「合法化」された。

さらに、一九〇八年四月一三日法によって、宗教公施設法人に帰属していた建造物を市町村の所有とし、市町村はその維持や修繕にかかる費用を支出できるとした。これによってカトリックは、教会財産を失った代わりに、礼拝建造物の維持修繕費を公費でまかなうことが可能になった。なお、このような「恩恵」は信徒団体を結成したプロテスタントとユダヤ教には与えられていない。この点では、政教分離法を進んで受け入れたマイノリティ宗教が損をし、同法を頑なに拒絶したカトリックが結果的に得をしたようにも思われる。

このような側面に注目すると、ライシテは必ずしもカトリックに敵対的であったわけでもなければ、極めて厳格な政教分離というわけでもないことがわかる。むしろ、カトリックに配慮しながら分離の原則を緩和し、他の宗教にはない優遇措置さえ与えている。マイノリティ宗教の処遇と比較すると、このようなカト＝ライシテの論理が見えてくることがある。

ライシテを受容していくカトリック

第一次世界大戦が勃発すると、共通の外国の敵を前にして、共和派とカトリックの対立は和らぐ。大戦後の一九二一年、フランス政府と教皇庁は国交を回復し、一九二四年には教皇ピウス一一世が「司教区信徒団体」の結成を認めた。これは一九〇五年法第四条の「信徒団体」を、いっそう教会の位階制に即す形で理解したものだが、教皇庁がひとまずフランスの政教分離体制を受け入れたことを意味する。

なお、第一次世界大戦後、フランスは普仏戦争で失ったアルザス・モーゼルの三県を回復したが、一九〇五年法制定時点でドイツ領だったこの地では、現在に至るまで同法が適用されていない。憲法院は、同地におけるナポレオン以来の公認宗教体制が、ライシテに基づく「不可分の共和国」に矛盾をもたらすものではないと判断している。

一九四五年、フランス枢機卿・大司教会議は、国家のライシテの観念から複数の意味を引き出し、受容可能なものと不可能なものを区別している。もし、それが唯物論や無神論を押しつける政治体制を意味するのなら、受け入れられない。また、国家が自分の利益のみを追求し、高次元の道徳の存在を忘却することも看過できない。しかし、ライシテの意味は国家の主権が地上の秩序において自律していることだというのなら、それはカトリック教会の教義にかなう。「教会は何ら国家の政治に関与するものではない」からである。「市民に自由な宗教の実践を委ねる」ライシテのあり方も、教会が受け入れることのできる考え方である。

一九四六年の第四共和国憲法は、フランスがライシテの共和国であることを第一条で規定しているが、それはこの段階において、カトリック教会側が受容可能なライシテの解釈を引き出すことができたからでもある。

第五共和政は一九五八年の憲法でこの第一条の規定を踏襲する一方、一九五九年にドゥブレ法を制定する。序章でも触れたが、これはカトリック系の私立学校に対する補助金の拠出を認める法律である。左派にとっては、宗教への補助金の廃止を定めた一九〇五年法第二条に反するおそれのある法律、右派のドゴール政権にとっては、ライシテの新しい解釈を可能にする法律である。

第五共和政初の社会党政権として誕生したミッテラン政権は、教育を公教育に一元化するサヴァリ法案を準備したが、一九八四年、パリの大司教リュスティジェ枢機卿の呼びかけに応じたカトリック陣営の一大反対運動を招き、廃案を余儀なくされた。これ以降、社会党はドゥブレ法の枠組みを既定路線と認めることになる。これは、右派が修正的な解釈を施したライシテのあり方を左派も受け入れたことを意味している。

この曲折のなかで進行したのが、宗教と政治の領域を峻別する「分離のライシテ」から宗教の社会的・公共的な役割を認める「承認のライシテ」への移行である。政治の左右の区別もつきにくくなっていくが、右派がとりわけカトリックに好意的であるとすれば、左派はより宗教多元主義的である。

2　右傾化と治安の重視

ライシテと宗教の公共性

フランスのライシテに、宗教の公共性を認める側面があるのは意外に思われるかもしれない。しかし、二〇世紀の半ばから後半にかけて、ライシテのあり方はそのような方向に変化したと指摘する研究者は多い。なぜこのような変化が起きたのだろうか。

ライシテの専門家フィリップ・ポルティエは、共和国の理性の弱体化を指摘する。一九五〇年代頃まで、カトリック信者が聖職者の言うことをよく聞いていたように、共和派にとって理性はしたがうべき規範としての力を持っていた。ところが、一九六〇年代になると、近代的な理性に対する懐疑が高まり、とりわけ若者たちのあいだで制度や権威への反発が強まる。そのひとつの頂点が一九六八年の五月革命であり、自由な個人の主観性が重視されるようになった。このことは、新しい権利の要求を生むと同時に、差異に対する寛容な態度を育んだ。

このような新しい環境に、宗教も少なからず適応した。つまり、理性の揺らぎに対して宗教は、古い姿のままで巻き返しに成功したのではなく、個人主義的で価値が多元化する社会のなかで、新しく自分の位置を見出そうとしたのである。国家の側も、共和国に固有の理性の陰りを意識せざるをえず、市民社会との関わり方を対話や協力に基づくものへと変化させていった。その相手のなかに、宗教も含まれていた。宗教は、社会的紐帯を作り出し、意味や価値基準を提供できる資源として見直されていった(『フランスの国家と宗教』)。

一九五九年のドゥブレ法の他にも、いくつか例を挙げてみよう。第一に、一九八三年に設立された国立倫理諮問委員会は、委員長を含み四〇名の委員から構成されているが、そのうちの五名は宗教の代表者として選ばれている。宗教者としての意見が尊重されているからにほかなるまい。

第二に、公立校では長いあいだ宗教教育が行なわれていなかったが、宗教を知識として教える必要があるという議論が一九八〇年代に登場した。二〇世紀半ばまでは一定の高さを誇っていた教会出席率が低下し、子どもに最低限の宗教的教養さえ欠けていることが明るみに出てきたからである。一〇〇年前は学校から宗教を排除しようとした教育連盟が、今度は宗教を学校に呼び戻そうとした。「宗教」という科目は新設されなかったが、教科間で「宗教事象」に関する内容の連携をはかることが目指されている。

エリゼ宮での新年会に宗教の代表者を招くオランド元大統領(2016年1月)

第三に、共和国大統領が宗教者を招いて行なう新年会が近年恒例化している。カトリック、プロテスタント、ユダヤ教の旧公認宗教に加え、一九八六年設立の「フランス仏教連盟」、一九九七年設立の「フランス正教会主教会議」、二〇〇三年設立の「フランス・イスラーム信仰評議会」(CFCM)から代表者が招かれている。大統領が聖書に手を置いて宣誓するアメリカ流の「政教分離」はフランスでは想像もつかないが、逆に政府が主導して国内の主要宗教の代表者と懇談の機会を設けるフランス流の「政教分離」はアメリカでは考えられまい。合衆国ではプロテスタントの代表者一名を選ぶことなどできないだろうし、宗教者は政府の要望を実現する調整役になることを嫌がるだろう。フランスのライシテには、政府が宗教の代表者を通じて管理や対話をするという発想が見られるのである。

「開かれたライシテ」の両義性

ところで、このように宗教の役割を公的に認める「承認のライシテ」、あるいは宗教に対して「開かれたライシテ」には、両義的なところがある。

第一に、承認された宗教の代表機関が、多様化する信者たちを果たして代表できているのかということである。カトリックのように位階制を持つ宗教ですら、現在では信徒と制度の距離が大きく開いている。ましてや、ユダヤ系やムスリム系のフランス人の多様性を、宗教としてのユダヤ教やイスラーム教を代表する機関が反映していると考えるには無理がある。

第二に、このライシテには、民主主義の価値に十分に馴染んだと判断できる宗教には、政治の側も厳格な分離の適用基準を緩和するだけの用意があるという発想がしばしば見え隠れする。「承認のライシテ」や「開かれたライシテ」と銘打っていても、信者の人権と信教の自由に立脚して考えるのか、宗教を政治的に利用しようとするものなのかによって、意味合いが大きく変わってくる。

二〇〇〇年代に「開かれたライシテ」を提唱した最も有名な政治家は、ニコラ・サルコジであろう。二期目のシラク政権で内務大臣(フランスでは宗教担当大臣でもある)を務めた彼は、宗教が果たすべき社会的役割を強調し、イスラームの代表機関CFCMの設立に漕ぎ着け、共和国への統合をはかるために一時的にムスリムを優遇する「積極的差別」(英語圏のアファーマティヴ・アクションに相当し、フランスの普遍主義にはあまり馴染まないとされる)のアイデアさえ示した。一方、ヴェール問題に関しては、大勢のムスリムが集まる大会で、ヴェールを被った写真は身分証明に使用できないと演説して物議を醸し、学校での着用禁止は法制化を待つまでもなく既定路線と見なしていた。

サルコジの「開かれたライシテ」は、共和国の統合に役立つ宗教は優遇するが、治安上問題があるとされる宗教には厳しい姿勢で臨もうとする。二〇〇七年に大統領に就任した彼は、ローマのラテラノを訪れて「フランスのルーツは本質的にキリスト教的」と演説した。フランスの歴史とカトリックのつながりを強調し、宗教を「魅力」と見なすことのできる「ポジティヴなライシテ」を唱えた。一方、二〇〇九年には全身を覆うヴェールであるブルカは共和国では歓迎されないと述べ、翌年ブルカ禁止法を成立させた。

ジャン・ボベロは、サルコジのライシテは実際には「開かれたライシテ」に分類できるものではなく、「アイデンティティのライシテ」の論理であると区別している。

治安を重視するアイデンティティのライシテ

ボベロは、フランスのライシテには七つの類型があると指摘している。先述の「宗教を敵視するライシテ」、「ガリカニスムのライシテ」、二つの「自由主義的なライシテ」(個人の良心の自由を重視するか、礼拝の自由を重視するかでニュアンスを設けることができる)の四つは、一九〇五年法の段階から現在まで続いている。その後登場してきた残りの三つが、アルザスとモーゼルの三県における「コンコルダートのライシテ」、宗教の公共性を強調する「開かれたライシテ」、そして「アイデンティティのライシテ」である(『フランスの七つのライシテ』)。

サルコジのライシテは、宗教の社会的有用性に着目する点では、宗教に開かれているように見えるが、宗教を管理と規制の対象と見なす点で、むしろコンブ流のガリカニスムの論理に連なる。ところで、コンブはカトリックを弾圧の対象に据えたが、サルコジはカトリックをフランスのルーツとしている。カト＝ライシテの論理が見られるのである。

アイデンティティのライシテは、右派のなかから出てきたものである。二〇〇一年の九・一一の翌年に成立した二期目のシラク政権において、ライシテは目玉政策のひとつだった。二〇〇三年に執筆されたフランソワ・バロワンの報告書「新しいライシテのために」は、左派がもたらした「危機」を、右派が立て直すシナリオになっている。「左派の支配的価値としての人権」が重視されるあまり、ライシテは「文化的差異と共同体主義の擁護」に変質してしまった。「表現の自由と差異の承認が、教師の権威、教育の使命、人間の解放などの価値よりも優先されている」。これではいけない。「ある程度、ライシテと人権は矛盾する」ものなのである。報告書は、「ライシテは今日、マジョリティの主要な価値のひとつになった」とも述べている。ライシテが、マイノリティの人権よりもマジョリティの価値を守るものに、そして権威主義的なものになっている。

二〇〇三年にはまた、スタジ委員会が設置されている。これはもともと、政教分離法一〇〇周年の二〇〇五年を控え、現代にふさわしいライシテのあり方を広く議論することを目的とするものであったが、実際には学校におけるヴェールの着用をめぐる問題が最大の争点になっていった。それでも報告書は、ユダヤ教やイスラームの年間行事を意識した休日の設置など、宗教的多様性に配慮した提言も行なっている。しかし、二〇〇四年に法制化されたのは、学校における宗教的標章の禁止のみであった。

とはいえ、公立校におけるヴェール禁止を定めた二〇〇四年の法律は、まがりなりにもライシテの法律であった。ところが、目と手の部分以外の全身を覆うニカブや、目の部分も格子状になっていて外から様子を窺うことのできないブルカの着用を、公共空間全般において禁じる二〇一〇年の法律は、ライシテの名を冠していない。なぜだろうか。

政教分離法第一条を思い出そう。ライシテは、良心の自由の保障と自由な礼拝の保護の原則を含んでいる。公立校でのヴェール禁止においては、未成年の女性をヴェール着用の強制から守ることが、彼女たちの良心の自由を保障することになるという論理が成立しえた。だが、共和国の機関ではない場所で、成人に達した女性が宗教的信仰の表明として特定の服装をすることを、ライシテの法律によって禁じることは難しい。

ブルカ禁止法を正当化したのは、「公的秩序」という概念であった。したがって、学校におけるヴェールの着用禁止と、公共空間における全身を覆うヴェールの着用禁止は、法的根拠が異なる。なお、どちらの法律も右派政権において成立したが、二〇〇四年の法律には左派の議員の多くも賛成票を投じたのに対し、二〇一〇年には左派の多くは棄権した。

公的秩序に訴えるアイデンティティのライシテは、極右にも回収可能なものになる。マリーヌ・ルペンが国民戦線の新しい党首になったのは、ブルカ禁止法が採択され施行に移される時期に当たる二〇一一年一月である。彼女にとってライシテは、「フランスはイスラーム系移民によって治安と経済が悪化しているからEUを離脱しなければならない」という論理に一貫性を与えてくれる。

二〇一一年九月に「マリーヌ・ルペンを除けば、もはや誰もライシテを擁護していないわね」と発言し物議を醸したのは、哲学者のエリザベート・バダンテールである。ミッテラン政権で死刑を廃止した法相ロベール・バダンテールの夫人で、『母性という神話』の著者である彼女は、もともとは左のフェミニストと言える立場にいたはずだが、この発言は権威主義的な左派と極右の区別がもはやつきにくいことを象徴している。さらに続けてバダンテールは、「左派は闘争を諦めてしまったし、例外はマニュエル・ヴァルスくらいかしら」と述べている。「左派のサルコジ」とも評されるヴァルスは、社会党のなかでは例外的にブルカ禁止法に賛成票を投じていた。

左派にも定着した治安重視のライシテ

二〇一二年に社会党のオランド政権が成立し、内務大臣に就任したヴァルスは、厳格なライシテを適用する姿勢を折に触れて強調した。一方、二〇一三年にヴァンサン・ペイヨン教育大臣は、公立校において宗教的所属を誇示する標章を禁止することを盛り込んだ「ライシテ憲章」を採択した。このことは、右派政権で成立した学校でのヴェールを法律で禁じるライシテを、左派政権も積極的に追認したことを意味している。

このように、右派において生まれたアイデンティティのライシテが、極右にも左派にも拡散した。そのようになってもなお、政治のスペクトルによるニュアンスの違いはあると言うべきかもしれない。しかし、ライシテの名において、イスラームのヴェールはフランスに馴染まないとする言説は、もはや右派のみに特有のものではない。

たしかに、良心の自由を保障し礼拝の自由を保護するライシテの名においてヴェールを禁止することには、おのずと限界がある。だが、政治家のなかにはフランス的な価値としてのライシテの名において、ヴェール禁止の適用範囲を広げようとしている者がいる。メディアもヴェール問題をライシテと関連づけてきた。ニュースを聞きかじる程度では、ヴェールを禁止するライシテの法律が、学校の生徒から送り迎えする親へ、大学へ、一般企業へ、公共空間へ、浜辺のブルキニへとどんどん拡大している印象を受けたとしても、不思議ではない。法的なライシテと社会の言説としてのライシテは、しばしば乖離しているのである。

社会の言説としてのライシテにおいては、イスラームのヴェールはしばしば暴力やテロの問題と結びつけられる。イスラームに関係する暴力事件やテロ事件がフランスやその周辺で頻発していたことは事実である。一九八九年のラシュディ事件(イランの宗教指導者ホメイニ師が英国の作家サルマン・ラシュディに死刑を宣告した事件)を皮切りに、一九九〇年代にはアルジェリア内戦を背景にパリでも爆弾テロが起き、二〇〇〇年代にはニューヨーク、マドリッド、ロンドンなどが相次いでテロの標的になった。オランダでは二〇〇四年に、イスラームを冒瀆する映画を作ったとしてテオ・ファン・ゴッホ監督が暗殺されている。これを受けてデンマークの保守系新聞『ユランズ・ポステン』が、「表現の自由」を守るとしてムハンマドの風刺画を募集して掲載、これらを転載したフランスの『シャルリ・エブド』紙はその後もイスラームの風刺を続け、二〇一五年一月の襲撃事件につながっていく。これら一連の事件を背景に、ただし必ずしも根拠がないままに、「ヴェールの背後には原理主義者がいる」と、まことしやかに語られ続けてきた。

治安を重視するライシテは、この概念をテロ対策や対テロ戦争に担ぎ出す。だが、それは果たして効果的なのだろうか。ヴェールに疑念の眼差しを向けながら、イスラーム過激派と戦うと称するライシテは、テロを終息させるどころか、むしろ新たなテロを誘発してしまうことにはならないだろうか。

3　同性婚反対運動とカトリック

目を覚ましたカトリック？

宗教の社会的役割を承認し、さらにカトリックがフランスのルーツであることを確認するライシテの類型が登場してきている現代において、カトリックはいかなる社会的な位置を占めているのだろうか。同性婚をめぐる議論を通して、この問いを考えてみよう。

同性婚をめぐる論点は多く、いずれも重要なものだ。パックス（ＰＡＣＳ：結婚に準ずる民事連帯契約で一九九九年に法制化。同性異性を問わず成人カップルの共同生活を保護する）は締結も解消も容易な「契約」だが、社会構造全体に関わる「制度」たる結婚を同性カップルに開いてよいのか。結婚や家庭は当事者の横の関係のみならず、親子関係という縦のつながりも含意しうるが、これは区別して考えるべきか、連動させるべきか。当事者の結婚は認めるとして、同性愛者が子育てをすることは、子どもの権利や社会にとって危惧すべきことなのか、そうではないのか。子どもを持ちたい女性カップルに人工授精などの生殖補助医療を、男性カップルに代理出産を認めてよいか、禁止するべきか。ここでは、同性婚法制化に際してフランスのカトリックが巻き起こした反対運動に注目する。

二〇一三年、フランスは同性愛者の結婚を認める世界で一四番目の国になった。「みんなのための結婚」(Mariage pour tous)と呼ばれた同性婚の法制化に際し、反対派は同じ頭文字になる「みんなのためのデモ」(Manif pour tous)を組織した。この中心にあったのがカトリックである。警察発表か主催者発表かで異なるが、数十万から一〇〇万人規模のデモが全国で複数回行なわれた。

これだけの反対運動は意外でもあった。パックスはすでに社会に定着したと評価できる状態にあったし(ただし同性カップルの割合は少なかった)、結婚という制度の重みはなくなってきていた(現在フランスで生まれる子どもは半分以上が婚外子)。同性愛はフランスではさほど珍しくなく、二〇一一年六月の世論調査では六三%のフランス人が同性婚に賛成しており(同性カップルの養子縁組には五八%が賛成)、法制化は二〇一二年の大統領選でオランド候補の公約に掲げられていた。すでにヨーロッパでは、ベルギー(二〇〇三年)、スペイン(二〇〇五年)、ポルトガル(二〇一〇年)などカトリック系の国々も同性婚を法律で認めていた。

たしかに、強固な家族観を持つカトリック教会が法制化に反対したことは、うなずけることではある。だが、フランスのカトリックは近年、衰退の一途と言えるような道を歩んでいた。

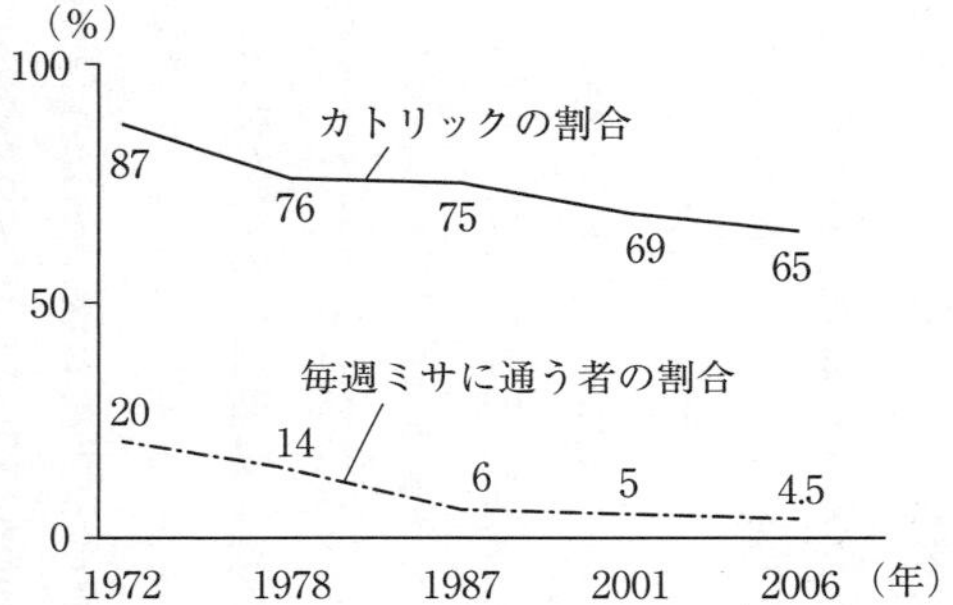

出典：Ifop-Analyse: Le catholicisme en France en 2010

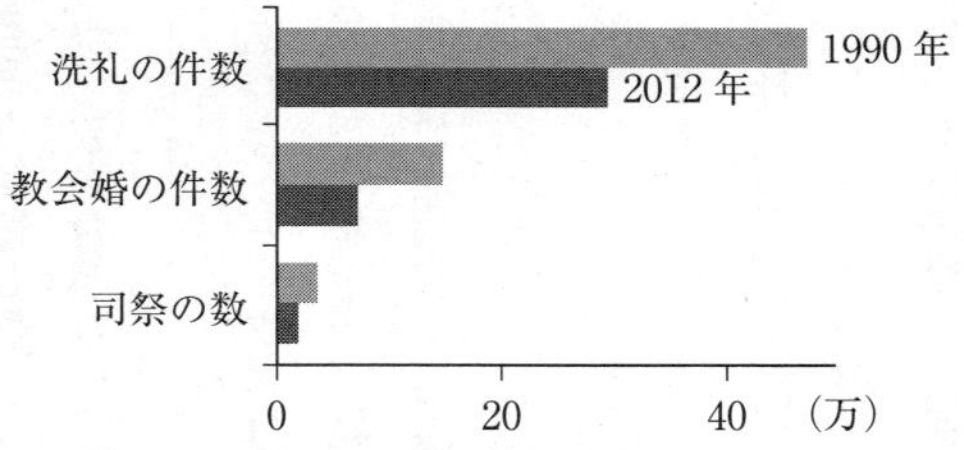

出典：Statistiques de l'Église catholique en France

自分はカトリックと回答するフランス人の割合は、一九七二年の世論調査では八七%、二〇〇六年では六五%である。依然高い数字にも見えるが、毎週ミサに通う者の割合はフランス人全体の四・五%である（一九七二年時点では二〇%）。洗礼数は一九九〇年には四七万を超えていたが、二〇一二年では二九万をわずかに上回る程度。この間、教会で挙げる婚礼の数は約一五万から七万に半減、司祭の数も三万二〇〇〇から一万六〇〇〇程度に半減した。信徒の教会離れと聖職者の高齢化は誰の目にも明らかだ。しかるに、同性婚反対運動には、明るく元気な若者たちの姿も多く見られたのである。

一九六八年の五月革命の左右を逆転させて「保守派の六八年五月」とも評されるこの運動は、

左派のデモの手法を取り入れて動員に成功したと指摘されている。もうひとつ、比較対象として想起すべきは、すでに触れた一九八四年のサヴァリ法案反対運動である(三四頁)。このときは、社会党政権が教育の一元化を目指したのに対し、カトリックが私学の自由を唱え、一〇〇万人規模のデモを組織して廃案に追い込んだ。これは教育を主戦場としてきたライシテ対カトリックの「二つのフランスの争い」の名残りと言える。

ところが、同性婚への賛否は「ライシテ対カトリック」の図式ではもはや読み解けない。公教育に関するサヴァリ法案に比べ、同性婚を定めたトビラ法はライシテの法律であることが自明ではない。また、カトリックはすでにライシテを深く内面化しており、反対運動参加者は必ずしも教会の教えに耳を傾けていたわけではない。さらに、同性婚法制化に賛成のカトリックもいた。

教会制度から離れていくカトリックは、ますます個人化と多様化を強めている。近代化の行きすぎに抗してアイデンティティを強めるカトリックと、社会の動向に開かれた態度を取るカトリック。少なくともこの「二つのカトリック」の存在を、同性婚反対運動は浮き彫りにした。するとカトリックの底力と見えるものは、目覚めと復興の兆しか、亀裂と困難な将来の暗示か、両義的なものとなる。

それにしても、なぜカトリックは大規模な反対運動を巻き起こすことができたのだろうか。手がかりのひとつは「みんなのためのデモ」という名称にありそうだ。

カトリックの言説戦略

カトリック教会は、家族の基盤は異性婚のみという立場を貫いてきた。同性愛者は司牧の場面において「理解をもって」受け入れられなければならないが、彼ら彼女らに「道徳的な正当化」を与えることはできない。同性愛の行為は「本質的に秩序を乱す」ものである（教皇庁教理聖省『性倫理の諸問題に関する宣言』一九七五年）。

二〇一二年七月末、フランス司教会議議長でパリ大司教のアンドレ・ヴァントロワ枢機卿は八月一五日の聖母被昇天祭に向けて、普段から教会に足繁く通う信者（プラティカン）だけでなく、多くの人びとの意識を「目覚めさせる」ことができるよう、「われわれの国のための心からの祈り」を呼びかけた。法律制定者たちの「社会の共通善についての感覚」が「個別的な権利要求」に勝りますように。「子どもと若者たち」が「大人の欲望と葛藤の対象となることをやめ、父親と母親の愛を十分に享受することができますように」。

ホモフォビア（同性愛者嫌悪）はよくないというのが、現代フランスの通常の人権感覚である。

同性婚法制化も比較的高い世論の支持を得ている。それに比べると、同性カップルの養子縁組には消極的な意見が見られる。パリ大司教の祈りの言葉をよく読むと、同性愛の行為については言及せず、養子縁組への難色に力点が置かれていることがわかる。

一方、リヨン大司教のフィリップ・バルバラン枢機卿は「議会は父なる神ではない」と述べ、同性婚は人間の法で定められても神の法には反すると暗示してみせた。さらにバルバランは九月半ばのテレビ番組で、同性婚を認めたら、次は三、四人のカップルが出てきて近親相姦のタブーもなくなると発言して物議を醸した。

九月末にフランス司教会議の「家族・社会」評議会は、「結婚を同性の人びとに拡大すべきか。議論を開こう！」という表題の文書を発表した。文書はバルバランの露骨な嫌悪感の表明とは異なり、同性愛者に共感を寄せるだけでなく、同性愛が社会にもたらす豊かさについても言及している。ただ、同性愛者にとっての最善策は節制としている。議論を呼びかける身振りを取りつつも、同性婚には反対という結論は出ている。だが、ここで注目したいのは、教会が誰に向けてどのような姿勢で語りかけているかである。

「この考察はカトリックに対して向けられているものだが、宗教的な視点のみを反映しているわけではない。政府によって予告されている措置について考えるすべての人に関係しうるものである。この態度は、人びとを尊重しようとするもので、公共の議論に参加する教会の意志に組み込まれている。それはキリスト教の伝統に則りながら、共通善に仕える関心のうちになされている」(傍点引用者)。

カトリックに呼びかけつつも、社会のなかにある教会として、宗教の視点に特化することなく議論に参加し、すべての人に関係するという態度が注目される。文書はまた、民主的な議論のためには共通の言語を持つ必要があるとし、次のように述べている。

「この共有される言語の探求の前提となるのは、カトリックの側としては、啓示から引き出された議論を、すべての開かれた知性に理解することのできる言語に翻訳することである〔……〕。カトリックにとって重要なのは、宗教的な視点を押しつけることではなく、人間学的、および法律的な議論に基づきながら、この討議に市民として貢献することである」(傍点引用者)。

宗教の言語を理性の言語に翻訳し、市民として公共の場での対話に参加すること。その際に重要なのは「宗教」の高みから教えを説くのではなく、「人間学《アントロポロジー》」と「法律」による議論であると、ほかならぬ宗教者が述べていること。

教会は教会の言うことを聞く信者がもはや少ないことを知っている。「プラティカンのためのデモ」ではあまり効果が見込めないのである。

こうして教会は議論を広く呼びかけたのであって、反対運動を「上から」組織したわけではない。「みんなのためのデモ」は三七の団体を糾合する形で「下から」生まれた。

マイノリティ宗教との連帯

「上の横」の連携にも注目しておこう。フランスの主要宗教であるカトリック、プロテスタント、ユダヤ教、イスラーム、そして正教会の代表者は、上下両院の公聴会で同性婚法制化に反対意見を表明した。

カトリックの社会学を専門とするセリーヌ・ベローは、この宗教指導者の連帯に三つの特徴を読み取っている。

第一に、宗教の代表者を公聴会に呼ぶ発想は、カトリック教会の階層秩序のイメージで他の宗教をもとらえる見方の反映であること。しかし、実際には各宗教の内部は多様である。たとえば、ユダヤ教の代表者は同性婚に反対の姿勢を明確にしたが、リベラルなユダヤ教ではゲイのラビも認めているといった批判がユダヤ人の内部から寄せられた。信者の意見の集約が期待されている代表者の一面的な見解の表明は、内部の異論や多様性を捨象することになり、代表の正統性が問われることになりかねない。

第二に、共同文書の採択には至らなかったが、各宗教の代表者の声明や公聴会での発言内容は非常に似通っていたこと。「異性婚と同性婚は平等ではない」、「子どもの権利を保護すべき」など、発言内容が重複していた。同性婚法制化には反対しつつホモフォビアを批判すること、議論を呼びかける姿勢は見せるが対話実現のために特に力を尽くすわけではないことが、宗教の違いを超えて共通していた。

第三に、宗派の意見の表明と思われないようにしたこと。公聴会で代表者が聖典を参照することはむしろ稀で、全体的に世俗化されたレトリックが用いられていた。「神学」ではなく、「私たち」の「社会」について語ろうとしていた。

このように、宗教が世俗の言語を用いてセクシュアリティに関係する領域で保守的な言論を展開すること。これをライシテの歴史のなかでどう理解したものだろうか。

親密圏のライシテ

共和国とカトリックの「二つのフランスの争い」の主戦場は教育だった。一方、セクシュアリティについては、長いあいだ双方に合意があった。たしかに、革命期に宗教婚に代わる民事婚が確立され、離婚が認められたこと、そして王政復古で再び禁止となった離婚が第三共和政期に再び認められたことは、結婚をめぐる共和国とカトリックの「二つのフランスの争い」であった。しかし、避妊、堕胎、同性愛については、ライシテの共和国は比較的長いあいだ、教会の規則をそのまま取り入れて再生産してきた。

これらの親密圏のセクシュアリティが争点化される時期と、カトリックがライシテの枠組みを受け入れていく時期がおよそ一致していることに注意したい。カトリック教会は親密圏における教導権を長いあいだ行使してきたが、次第に制度としての重みを失っていくのと並行して、それまで「自然」とされてきた私的な親密圏のセクシュアリティが「脱自然化」され、公的な議論と法制化の過程に巻き込まれていくのである。

フランスは一九六七年に避妊、一九七五年に堕胎を合法化した。それまで「自然」とされてきた男女の社会的・家庭的役割の違いが平等の理念の観点から問題視され、「自然」の名において女性を生殖に結びつけていた絆が断ち切られた。愛と産むことを分離し、宗教の規範から女性の身体を解放したと言ってもよい。一方、第二ヴァチカン公会議を開き近代社会に適応する進歩的な姿勢を見せたカトリック教会は、一九六八年に避妊を糾弾する回勅「フマネ・ヴィテ」を出し、セクシュアリティについては保守的な態度を強化した。

一九九〇年代以降は、同性愛者の人権と社会を構成する家族のあり方が問われ、「自然な家族」や「自然の秩序」の意味が揺らいでいる。ヴァチカンは長いあいだ、女性は家庭では家長にしたがうよう勧告してきたが、一九九五年の教皇ヨハネ＝パウロ二世による『女性への手紙』は、女性の能力と行動を新たに評価している。ジェンダーと宗教を専門とするフロランス・ロシュフォールは、ここにはフェミニズムのさらなる伸長と同性愛者の権利要求を抑え込む意図が込められていたと指摘する。つまり、男女平等を認める代わりに、ラディカル・フェミニズムと同性カップルを新たに牽制したのである。

一九七〇年前後のライシテ問題と言えば私学助成、つまりカトリック系の私立学校に対する助成金拠出の可否をもっぱら意味していた。避妊と堕胎を認める法律を社会はライシテの法律とは受け止めなかった。一方、一九八九年以降のライシテをめぐる問題はイスラームとどう向き合うかという課題が前景を占めており、同性カップルと同性愛者の養子縁組による親権は必ずしもライシテ固有の問題とは意識されていない。これは、ライシテと言えば政治や教育など公的な性格が強いものが想起されやすいからだろう。けれども、家族やセクシュアリティなど私的な性格が強いと思われてきたものも、歴史的に規定され社会的に構成されていること、そして政治的な議論の対象に据えられるようになってきていることに注目するならば、これもライシテの歴史と深く関わるテーマであることが見えてくる。

カトリック内部の不協和音

『みんなのための結婚、カトリックにおける離婚』。これは左派系カトリック雑誌『キリスト者の証言』のジャーナリスト、フィリップ・クランシェが著した本の表題である。同性婚反対運動は、カトリックの結束よりも分裂をもたらしたのではないかと問うものだ。

二〇一二年八月の世論調査では、プラティカンの四五%が同性婚に賛成していた（フランス人全体は六五%が賛成）。法案に賛同を示した聖職者もいたし、法制化には否定的でも大がかりなデモには反対という聖職者もいた。法案支持に回ったカトリック系団体もあった。だが、この不協和音はあまり目立たなかった。なぜだろうか。

大きな要因は、教会当局が議論を呼びかける身振りを見せながらも、法制化には反対という姿勢を早くから固めていたことだろう。クランシェは、教会で行なわれる「語りの夕べ」のような場において、普段であれば社会問題も取りあげられるのに、自己検閲のメカニズムがはたらいて、同性愛の話題は避けられがちだったと指摘している。

同性婚法制化に反対する高位聖職者のなかにもニュアンスはあった。結婚とは異なる制度で同性カップルを承認する必要を示唆した枢機卿もいた。パックスの利点を説き、過去にこれに反対したのは誤りだったとの考えを示した枢機卿もいた。アングレームの司教でアカデミー・フランセーズ会員のクロード・ダジャンスは、「みんなのためのデモ」はカトリック内部の過激派を利し、教区における司牧活動のリスクになると批判した。

同性愛者である信者が、聖職者の理解を得られなかった事例もある。ある男性信者は男性のパートナーと九年間一緒に暮らしており、家族も周りの友人も司祭もそのことを知っていた。「みんなのためのデモ」が盛りあがるなか、「われわれの指導者が、特定の集団を満足させようとするよりも子どものことを気遣いますように」という祈りを毎週聞かされて、彼は居心地の悪い思いをした。司祭に苦悩を打ち明けても、態度を変えてはもらえなかった。彼は司祭を避けるようになり、別の教会に通い出した。

ゲイの聖職者のなかには、ネット空間の匿名性を利用して内心を吐露する者もいた。クランシェは、二〇一二年一一月に投稿されたある記事を紹介している。「カトリックの同性愛者にとってつらい時期だ。そのなかでも特に同性愛の聖職者にとっては。彼らは長いあいだ苦しみ、探求を続けてきた。自分のうちにおいて担う、この驚くべきセクシュアリティを見出し、名付け、評価しようとして」。クランシェは、周囲から同性愛者であることを疑われないよう、内心は法制化に賛成でも、反対の行動を余儀なくされた同性愛の聖職者もいたのではと推

右から，フリジッド・バルジョー，ベアトリス・ブールジュ，リュドヴィーヌ・ドラロシェール

測している。

反対運動の分裂、収束と継続

「みんなのためのデモ」は、三七の団体を糾合したものと先に述べておいた。「カトリック家族協会」（ＡＦＣ）をはじめ、多くの保守派ロビー団体が集まった。他の宗教系団体も加わったが、中心はやはりカトリックであった。ところで、この同性婚反対運動が大勢の人びとを集めたのには、特に三人の女性の存在が大きかったと言われている。フリジッド・バルジョー、ベアトリス・ブールジュ、リュドヴィーヌ・ドラロシェールである。

フリジッド・バルジョーは、運動の規模を拡大させた最大の功労者と言えるだろう。女優ブリジッド・バルドーの名前に似せた、「不感症の頭のおかしな女」という意味になる偽名である。一九六二年生まれで、リヨンの保守派のブルジョワ・カトリックの家庭に育つが、一九八〇年代には「パリの夜の女王」としてゲイ・ナイトクラブにも通い詰めた過去を持つ。二〇〇四年にルルドを巡礼し、カトリックに目覚めたという。教会当局は最初このエキセントリックな回心者を警戒していたが、彼女のパーソナリティのおかげで、反対運動は狭い意味でのカトリックの範囲を超えて広がることができた。

政府の法案に反対する「みんなのためのデモ」は、もちろん政治的な含意のある社会運動だが、それ自体として政治的野望の実現を目指していたわけではない。ところが、ベアトリス・ブールジュは運動をさらに右旋回させて、オランド政権打倒の政治闘争に高めようとした。二〇一三年二月から三月にかけて、彼女は右翼的な性格の強い分派「フランスの春」を率いて「みんなのためのデモ」を離脱した。

バルジョーは、運動の平和的な性格を保持し、当局との揉め事を避けようとした。同性愛者との交友関係もある彼女は、同性愛に否定的だったのではなく、覚醒したカトリックとして、結婚を同性間に開くことに反対だったのであり、パックスと結婚の中間形態のような制度を新設するのがよいと考えていた。ところが、この方針はリュドヴィーヌ・ドラロシェールには受け入れられなかった。法律公布後の二〇一三年五月二六日のデモを最後に、バルジョーは「みんなのためのデモ」を離れて「みんなのための未来」を結成した。

「みんなのためのデモ」に残ったドラロシェールは、法律公布後もトビラ法廃止を唱えてデモを組織した。一方、二〇一六年九月の調査では、三分の二の国民がトビラ法維持に賛成で、メディアは同性婚が社会に定着しつつあると報じている（『ル・モンド』二〇一六年九月一四日付）。

しかし、同性婚反対運動は必ずしもこれで終わったわけではない。カトリックの動員力を強く社会に印象づけたこの運動は、闘士たちに自信をつけさせ、カトリックのアイデンティティを主張することへのコンプレックスを取り払った。政治家たちもその影響力を無視することができなくなっている。

「みんなのためのデモ」の流れを汲み、二〇一三年一一月に結成された政治団体「サンス・コマン」は、トビラ法の見直しを右派政党の国民運動連合（二〇一五年に共和党と改称）にはたらきかけてきた。考えの一致するフランソワ・フィヨンを応援し、フィヨンは大統領選の右派の予備選挙を制した。「フランスの春」のベアトリス・ブールジュは、大統領選の決選投票で国民戦線のマリーヌ・ルペンへの投票を呼びかけた。

もともとカトリックには右派を支持する者が多いが、極右には投票しない傾向が見られた。その傾向はプラティカンであればあるほど強い。だが、近年では右派と極右を隔てる防波堤にほころびが見られ、ルペン支持に流れるカトリックも出てきている。二〇一五年一一月一三日のパリ襲撃事件の直後に行なわれた地方議会選挙の第一回投票では、カトリックの有権者の三

2015年地方議会選挙第1回投票の得票率

	国民全体(%)	カトリック(%)
社会党＋左派	23.5	19
共和党＋右派・中道右派	27.1	33
国民戦線(FN)	28.4	32

	カトリック全体	プラティカン	非プラティカン
FN	32	25	34

カトリックの投票率は高い(国民平均約50%，カトリック全体54%，プラティカン66%)．第2回投票前に行なわれた異例の左右の選挙協力により，FNは結果的には13地域圏で全敗．
出典：Ifop pour Pèlerin Magazine, 6 décembre 2015

二%が国民戦線に投票した(国民全体では二八・四%、プラティカンは二五%)。最近の選挙では、カトリック票の行方がこれまで以上に注目を集めているが、その背景には同性婚反対運動が社会に与えた強烈な印象がある。

カトリックはマジョリティなのか、マイノリティなのか

もともとフランスにおいて国教の地位にあったカトリックだが、今日ではプラティカンは少ない。カトリックのあり方は多様化している。自分たちは近現代社会の「カトフォビア」(カトリック嫌悪)の犠牲者であると「共同体主義」的なアイデンティティを強めている者たちは、しばしばマイノリティの論理と戦略を用いている。

しかし、フランスのカトリックは他の宗教と同じようなマイノリティ宗教ではない。かつてマジョリティだったことのある「マイノリティ」として、他の宗教にはない組織形態や動員能力、政治への回路やメディアとのつながりを資源として持つ。強いアイデンティティの要求を持つカトリックはマイノリティだとしても、より広範なカトリックや非カトリックをも巻き込む運動の中心になりうる。

この点において、政治団体「サンス・コマン」の名称は意味深長である。「共通感覚」や「常識」を意味する言葉で、文字面だけではカトリック系の団体とはわからない。会員数は一万人程度と『ル・ポワン』誌の二〇一七年四月の記事は伝えている。少ないように見えるかもしれないが、当人たちには社会のサイレント・マジョリティを代弁している意識があるものと推測される。

「みんなのためのデモ」とは何だったのか。総括には時期尚早だが、世俗化を単にひっくり返したカトリック復興ではないことは確実である。教会離れが進むなかでカトリックのあり方は多様化し、もはや非カトリックとほとんど区別がつかない者と、カトリックであることにアイデンティティを見出す者とに両極化しつつある。

もうひとつ確認しておきたいのは、同性愛者の権利が争点になったということは、裏を返せば女性の権利は自明視されていたということである。たしかにカトリック教会は現在でも女性の聖職者を認めていないが、カトリックであろうとなかろうと、同性婚に賛成でも反対でも、フランスは男女平等の社会であるという前提は広く共有されている。男女平等の価値を認める者が現代フランスのマジョリティである。ただし、男女平等を強調しすぎるカト＝ライシテは、その価値を共有しないとされるマイノリティを「私たち」の尺度で測って低く見たり、排斥したりすることにもなりかねない面を持つ。

ここで思い浮かぶのはイスラームである。フランスのカトリックは少なくともかつてはマジョリティであったのに対し、イスラームはマイノリティであったこととしかない。そこに平等は成り立ちうるのだろうか。

4　キリスト生誕の模型とカト＝ライシテの論理

二つのクレッシュ

「クレッシュ」(crèche)というフランス語には複数の意味がある。もともとは家畜の餌を入れておくものを指すが、キリスト教ではマリアがイエスを産んだときに布にくるんで飼い葉桶《かばおけ》に寝かせたとされている。そこでキリスト生誕の場面を再現した模型のことをクレッシュという。

ここからクレッシュの意味はさらに拡張され、幼い子どもを預かる託児所のことも指す。フランスではほとんどの女性が出産後も仕事を続け、保育制度が整備されている。「キリスト生誕の模型」と「託児所」。これら二つのクレッシュが、それぞれ近年のライシテをめぐる議論の焦点となり、どちらも裁判で争われた。

一つ目のクレッシュの端的な争点は、クリスマスの時期にキリスト生誕の模型をライシテの国フランスの公的施設に設置することは可能か、ということである。二つ目のクレッシュの端的な争点は、公的施設ではない私的企業の託児所ではたらくムスリム女性がヴェールを着用することは認められるか、ということである。

結論から言うと、キリスト生誕の模型を公的施設に設置することは一定条件を満たせば可能であるのに対し、託児所にヴェールを被って出勤した女性の解雇は妥当であるとされた。このように並べて提示すると、いかにも現代フランスのライシテは、マジョリティ宗教だったことのあるカトリックには妥協的で、マイノリティ宗教であるイスラームには非妥協的と映ることだろう。厳格な政教分離と思われがちなライシテだが、一方では公的な領域に宗教的なものが現われるのを認め、他方では私的な領域への介入を強めているように見える。

ライシテは二枚舌なのだろうか。宗教的中立性はライシテを構成する柱のひとつだが、フランスの歴史のなかから生成してきた以上、カトリックとイスラームの扱いが違うことは、ある意味では必然かつ当然なのだろうか。だが、あまりに性急な判断は控えよう。少なくとも、裁判で争われたからには、複数のライシテ観のせめぎ合いを思い描くことができなければならない。判決にはもちろんニュアンスがついており、長い裁判の過程では多くの議論がなされている。いきなり結論に飛びつくのではなく、経緯と争点を再構成するところからはじめよう。

ヴァンデ県議会のホール

フランス西部のヴァンデ県。革命期にカトリック王党派が起こしたヴァンデの反乱で知られるように、カトリックの影響力が強い地域である。現在も使用されている県の紋章は、ハート型の心臓を二つ重ねたうえに王冠と十字架のモチーフをあしらっている。この県議会のホールに設置されたキリスト生誕の模型を問題視し、二〇一二年に訴えを起こしたのはヴァンデ自由思想連盟である。

原告側は、議会のような場は完全に宗教的に中立であるという感覚を誰もが持つことができなければならないと主張した。これに対して被告側は、キリスト生誕の模型は「文化的なシンボルであって宗教的なシンボルではない」と主張した。聖職者が設置したものでもなければ、その前で人が祈りを捧げるものでもない。

二〇一四年一一月一四日、一審のナント行政裁判所は政教分離の観点から模型を撤去するよう命じた。キリスト生誕の模型は「市民の良心の自由を尊重するものではない。市民は県議会ホールに足を踏み入れたところで、宗教的な標章を押しつけられるも同然である」。ヴァンデ県議会はこれに対し、ライシテの尊重とは「われわれの伝統」を廃棄し「われわれの文化的ルーツ」を断ち切ることではないはずだと控訴した。

二〇一五年一〇月一三日、二審のナント行政控訴院は一審判決を覆し、設置を認める判決を出した。キリスト生誕の模型は「クリスマスの家庭的な祭りの準備に関する伝統の枠組みのなかにあり、宗教的標章または象徴物の性質を帯びていない」とされた。

ムラン市庁舎の中庭

ヴァンデの訴訟と完全に同時進行していたもうひとつの訴訟がある。パリから南東に向かう急行に乗っておよそ三〇分。セーヌ＝エ＝マルヌ県の県庁所在地ムランでも、市庁舎の中庭にキリスト生誕の模型が設置された。市長は右派である。設置に反対して二〇一二年に訴えを起こしたのは、やはり自由思想連盟であった。

て設置を認めた。ナントの一審とは正反対の判決である。ムラン市長は、「模型は挑発のために設けたものではなく、文化の一要素」であると述べて判決を歓迎した。セーヌ＝エ＝マルヌ自由思想連盟は判決を不服として控訴した。

二〇一五年一〇月八日、二審のパリ行政控訴院は一審判決を覆した。市庁舎の中庭に設営されるキリスト生誕の模型は公役務の中立性の原則に反すると、自由思想連盟の訴えを認めた。キリスト教徒がイエスの生誕を祝うときに設けられるこの模型は、「たんなる伝統的な飾りつけ」ではなく「宗教的標章の性質を持つもの」と見なされなければならないと判決文は述べている。

県議会のホールと市庁舎の中庭。どちらも共和国の公的機関の施設内であることには変わりない。しかるに、一審判決がともに二審で覆されたうえ、互いに真っ向から対立しており、しかも判決の日付がほとんど変わらないのである。

二審判決の翌月、一一月一三日の襲撃事件の翌週、本書の冒頭で紹介したように、全国の市町村長が集まるフランス市長会(AMF)が開かれた。このときに配布されたライシテの手引書には、「フランス市長会の見解としては、市町村役場の敷地内におけるキリスト生誕の模型の存在はライシテと両立しない」と記されている。フランソワ・バロワン会長は右派共和党でサルコジ派だが、ここではカトリックに開かれたライシテを唱えるのではなく、模型の設置を自制するよう呼びかけた格好だ。これに対し、同じくサルコジ派のニース市長は「われわれの地域の民衆の伝統を守る」と反論した。

宗教か文化か、いかなるコンテクストなのか

公的機関におけるキリスト生誕の模型の設置は妥当か否か。一九〇五年法にはどのような規定があるのだろうか。第二八条には次のようにある。「今後は、宗教的標章または象徴物は、公的な建造物またはいかなる公共の場所においても、一切これを掲げたり貼り付けたりすることは禁じられる。ただし、礼拝目的の建物、墓地内の墓所、慰霊の記念碑、それから美術館・博物館または博覧会・展示会はこのかぎりではない」(傍点引用者)。

ムランとパリでもナントでも、一審および二審の争点は、キリスト生誕の模型が「宗教的標章または象徴物」に該当するか否かにあった。宗教であればライシテの原則に反するので設置できないが、文化や伝統であれば問題ない。しかし、宗教か文化かという二者択一の議論に説得力を持たせることができるだろうか。

法学者のトマ・オクマンは、このように対象物そのものの宗教性を問う姿勢はアメリカ合衆国の判例とは対照的だと指摘している。一九八四年の判例（リンチ対ドネリー事件）は、ショッピングセンターの市有地に設けられたキリスト生誕の模型が政教分離の規定に反するか否かを扱っている。問題の模型は、サンタクロースの家、橇《そり》を引くトナカイ、クリスマスツリー、さらにはピエロやゾウやクマのぬいぐるみとも一緒に陳列されていた。判決は、キリスト生誕の場面だけを切り取ってその意味を問うのではなく、全体の組み合わせから、伝統的な象徴によって祭りを祝うものであって、宗教的信仰を示すものではないと判断している。

これに対し、一九八九年の判例（アレゲニー郡対アメリカ自由人権協会事件）は、「天のいと高きところには神に栄光あれ」（グロリア・イン・エクチェルシス・デオ）の文字を手にした天使と組み合わされたキリスト生誕の模型が裁判所内に設置されたことを扱ったものだが、これはキリスト教に対する国家の肩入れを示すものであると判断している。

この二つのアメリカの判例においては、対象物そのものではなく、それが置かれたコンテクストや配置の全体的な意味が問題にされていることがわかる。

他方、フランスでは、キリスト生誕の模型という対象物そのものが「宗教的標章または象徴物」であったとしても、その設置を「博覧会・展示会」（expositions）と見なすことができれば、それは政教分離法第二八条に規定された禁止の例外に該当することになる。

ここで、地中海に面する都市ベジエの事例にも触れておかなければならない。ロベール・メナールは、もともと左派の政治家だったが次第に極右に傾斜し、二〇一四年に国民戦線の選挙協力を得てベジエ市長に当選した。すると早速、その年のクリスマスに合わせてキリスト生誕の模型を市庁舎に設営した。ちょうどヴァンデとムランの一審判決がメディアの注目を集めた時期である。

メナールは、パリ市が二〇〇〇年代になってからラマダン入りを「新しい文化フェスティバル」として祝うようになったことを引き合いにし、「マニュエル・ヴァルス(首相)もこれを文化イベントと見なしています。キリスト生誕の模型だと宗教だというのですか」と『フィガロ』紙のインタビューに答えている(二〇一四年一二月四日付)。イスラームに開かれた態度を取るのなら、当然キリスト教文化も認めよという議論の立て方である。

模型設置に異議を唱えて訴訟を起こしたのは、人権連盟とベジエの住民である。二〇一五年七月、第一審のモンペリエ行政裁判所は市長側の主張を認めた。キリスト生誕の模型は「複数の意味を帯びうるもので、そのなかには宗教的な意味もある」が、当該の模型は「クリスマスの祝祭に際して組織される文化的催物の枠組みのなかの展示(exposition)」に相当する(傍点引用者)。「キリスト教を信仰する人びとを優先して残りの人びとを犠牲にする」要素はない。

トマ・オクマンはこの一審判決に、キリスト生誕の模型の意味をコンテクストにおいて解読しようとするアメリカの判例に連なる論理を見るとともに、模型の一時的な設置を政教分離法第二八条にある「展示」に組み入れることも不可能ではないだろうと述べている(二〇一六年一〇月発行の論文「フランスとアメリカのキリスト、サンタクロース、ライシテ」)。

設置は可能、しかし……

二〇一六年一一月九日、行政最高裁判所に当たる国務院(コンセイユ・デタ)は、アメリカの判例も参考にしながら、ムラン市庁舎中庭の模型とヴァンデ県議会ホールの模型についての二つの判決を破棄し、新しい判例を示した。

キリスト生誕の場面を再現した模型は、宗教的と言うべきか、それとも文化的な伝統と言うべきか。国務院は、宗教的性格と文化的性格の両方を考慮に入れている。それは「複数の意味を帯びうる表象」で、「宗教的性格を示す」ものではあるが、「特定の宗教的意味を持つことなく、年末の祝祭に伝統的に付随する飾り付けの一部をなす要素」でもある。他方で判例は、模型の一時的な設置を「展示」に組み入れて無条件で認めるようなことはしていない。

文化的・芸術的・祝祭的性格のものであって特定の宗教への選好は示していないのか、それとも宗教的側面を持ち中立性の原則に反するものであるのか。その判断はケースバイケースというのが、国務院の考え方である。設置のコンテクスト、設営をめぐる固有の条件、地域における慣例の有無、そして設置場所について、総合的に勘案する必要がある。

設置場所について言えば、一般的な「公共の場所」におけるキリスト生誕の模型は、年末の祝祭的な性格に鑑みて合法である。ただし、強制的な勧誘活動をともなうものについてはそのかぎりではない。一方、公共団体や公役務に関わる建物である「公的な建造物」では、キリスト生誕の模型を設置することはできない。ただし、その設置が「文化的、芸術的または祝祭的な性格」を表わすことが固有の条件から示される場合にはそのかぎりではない。県議会や市庁舎は、原則禁止だが一定の条件を満たせば設置可能な場所ということになる。

国務院は、ムラン市庁舎の敷地内に過去に設置されたキリスト生誕の模型は、地元の慣例によるものでも、文化的・芸術的・祝祭的な他の要素と組み合わされていたものでもなかったと述べている。同様の言明は、ヴァンデについてはなされていない。

つまり、ムラン市庁舎の中庭に設置したのは不適切だったということである。二〇一六年のクリスマスを控えて、ムラン市側はキリスト生誕の場面に地元産のチーズを加えた。地元の慣例という文脈で再び正当化することを試みたものと思われる。

ベジエ市庁舎内の模型はどうなったのだろうか。二審のマルセイユ行政控訴院は、国務院の示した基準に依拠して、設置を認めた一審判決を覆した(二〇一七年四月)。メナール市長は宗教ではなく文化の側面を強調して上告したが、国務院はこれを退けた(同年一一月)。

一方、ナント行政控訴院は二〇一七年一〇月六日、国務院の判決を受けてヴァンデ県議会に模型を設置することを認める判断を改めて示した。ところで、まったく同じ日に、リヨン行政裁判所は、オーヴェルニュ゠ローヌ゠アルプ地域圏の公的施設に前年一二月に設置されたキリスト生誕の模型は不適切だったとの判断を示している。「クレッシュ論争」は続いている。

5　託児所のヴェールとライシテの宗教化

バビルー事件

もうひとつの「クレッシュ」こと託児所に話を移そう。事件の舞台となった託児所の所在地は、パリ北西二五キロの郊外シャントルー゠レ゠ヴィーニュのノエ地区。フランス社会に溶け込むことのできない黒人、ユダヤ人、アラブ人の三人の若者を主人公としたマチュー・カソヴイッツ監督の名高い映画『憎しみ』(一九九五年)が撮影された場所でもある。託児所の名前は「バビルー」(Baby Loup)。バビは「ベイビー」のフランス語読み、ルーはオオカミだが、小さな子どもに親しみを込めて「ルー」と呼びかけることもある。「シャントルー」の地名にもかかっている。バビルー事件は、この託児所に勤務するムスリム女性が二〇〇八年に所長から解雇されたことに端を発している。

所長のナタリア・バレアトは、一九五五年チリ生まれ。ピノチェトのクーデタを逃れてアルゼンチンを経由して渡仏、一九八五年にフランス国籍を取得した。助産師の資格を持ち、移民出身の女性たちにエイズ予防の啓発活動をするためにノエ地区にやってきた。やがて、高い失業率やドラッグや暴力など、郊外特有の問題についての理解を深め、「女性による女性のための託児所」を目指して数人の有志と一九九一年にバビルーを開設した。

この託児所は、はたらく母親のために子どもを預かるだけでなく、貧困にあえぎ孤立しがちな女性たちの経済的独立と社会的統合、さらには文化的交流を促す役割も担っていた。低学歴で職業経験に乏しく、フランス語に不自由する女性が勤務可能な業種は多くない。早朝夜間の清掃業などもできるよう、託児所は業務時間を拡大し、二〇〇二年には二四時間三六五日いつでも子どもを預けることのできる態勢を整えた。

フランスでこれほどの開園時間は類を見ない。土地柄と所長の熱意によって、非常にユニークで公益性の高い託児所であったことが知られる。民間団体なので公的施設ではなく私的企業だが、一九九四年には市営化計画もあった。県議会、県保健福祉局、家族手当金庫などからも補助金を受けていた。

従業員のファーティマ・アフィフは、一九六九年モロッコ生まれのアラブ人。羊飼いだった父親はルノーの自動車工場に仕事を見つけ、ファーティマがフランスに渡ったのは就学前のこと。学業を続けたのは第五学年(中等教育二年目)までで、二〇歳で結婚、翌年息子が生まれた。仕事をするために、開設から間もないバビルーに子どもを預けに行ったところでナタリア・バレアトに出会い、託児所ではたらかないかと誘われた。

ファーティマは、再教育を受けることをバビルー側から財政的にも支援され、一九九七年には幼児教育の資格を取得し、所長補佐となった。ナタリアに引き立てられ、その右腕となったとも言えよう。二〇〇三年、妊娠したファーティマは産休に入り職場を離れ、その後立て続けに妊娠・出産したこともあり、育休の延長を続けた。

この間バビルーでは内規が改正され、「従業員各人の良心および信教の自由の原則は、ライシテおよび中立性の原則を尊重する妨げとなってはならない」とされた。二〇〇八年一二月、ファーティマはヴェールを着用して職場復帰しようとしたところ、所長と口論になった。双方の言い分の力点は異なる。ナタリアはこのときファーティマが新しい宗教的要求を掲げてヴェールを外すのを拒否したと主張しているが、ファーティマにしてみればムスリムの子どもがマジョリティの託児所でヴェールを着用できない理由がわからない。当時の市長は、ナタリアの肩を持ちつつ、ヴェール事件というよりも個人間の諍《いさか》いの性格が強いと評している（『ル・ポワン』二〇一〇年七月一五日付）。

過激化か、信仰の深まりか

「ナタリアは二一歳からの私を育ててくれた、私の指導者《グル》だった」と恩義を認めるファーティマは、他方では、「バレアト独裁」体制だった、二四時間三六五日フル回転で疲弊していた、職場にもう自分の居場所はないと思ったなどとインタビューに答えている（『ル・ヌーヴェル・オプセルヴァトゥール』二〇一三年一一月二一日付）。

ファーティマはまた、バビルーではヴェールが以前から禁止されていたというのは嘘だと述べている。休職前の自分は比較的自由に着脱していた。託児所の支援者たちに向けた映像でも自分はスカーフ姿で登場している。以前は揺れていた信仰が固まってきたとも語っている。さらに、自分は独立していると述べている。夜中の二時に帰宅することもある。それを認めてくれる夫との関係は、ヴェールを着用していない女性からも羨ましがられる。

これは、ヴェールを被った女性は自由を奪われ、男性に隷属しているという偏見への反論である。とはいえ、当人にとっては信仰の深まりのつもりでも、ヴェールの可視化の度合いが強まると、周囲からは「過激化」の指標と判断される。たしかに、職場の秩序を乱したことは解雇の理由になるかもしれない。それでも、公的施設とは言えない私立の託児所でのヴェールの着用を禁じることは、信教の自由の観点から見て難しいのではないか。

バビルーを解雇されたファーティマは、「差別撲滅と平等達成のための高等機関」(HALDE)に訴えた。これは二〇〇四年に設けられた政府から独立した機関で、同年に制定されたヴェール禁止法の濫用を食い止める役割を果たしていた。HALDEは二〇一〇年三月、託児所は公役務ではなく、ヴェールを理由とする解雇は差別的と判断した。すると、サルコジ大統領はHALDEの長官を替えた。独立行政機関へのかなり露骨な人事介入である。そして翌年には、この機関そのものが廃止された。

二〇一〇年一二月、第一審のマント=ラ=ジョリー労働審判所は、従業員の解雇は正当であるとした。ライシテは憲法原理であり、託児所の内規にライシテの規定があることは労働法典にも適合している。判決文は、バビルーは「私的機関」だが、託児業務によって「公役務」の活動をしており、「公金」が財源の八割以上を占めているとも述べている。

二〇一一年一〇月、第二審のヴェルサイユ控訴院は、一審判決を支持した。ただし、バビルーが「公役務」の使命を持つかについての言及は避けている。

二〇一三年三月、最高司法裁判所である破毀院《はきいん》は、一審と二審の判決を退け、「ライシテの原則は〔……〕公役務に携わるのではない私法の雇用主に雇われた者には適用されない」と判断した。「私立の託児所」に勤務する従業員のヴェール着用は認められるということである。

宗教化するライシテ

判決は議論を呼んだ。人権連盟などは判決を支持したが、マニュエル・ヴァルス内務大臣は国民議会で、「数秒間職務を離れて言わせてもらうが、本日のバビルー託児所についての破毀院の決定、このようにライシテを動揺させる決定が、どれだけ残念か」と発言した。ちょうどこのときに行なわれた世論調査では、八四％のフランス人が私企業などではたらく女性のヴェール着用に反対という数字が出ている。

訴訟はパリ控訴院に差し戻された。裁判所は同年一一月、従業員の解雇は妥当と判断した。

通常、差し戻し審は破毀院の決定に拘束されるので、異例の事態である。託児所は「公益の使命を持つ民間組織」であり、「ライシテの傾向を持つべき企業」(entreprise de tendance laïque)、「信念を持つべき企業」(entreprise de conviction)とされている。ライシテという宗教的中立性の信念を持つことが期待される民間団体だというのである。

『バビルー事件あるいは新しいライシテ』の著者である二人の法学者は、ここにあるのは「分離」の論理ではなく、「公権力による宗教的なものの管理と支援」を組み合わせた「ほとんどコンコルダート的な論理」であると述べている。そして、宗教的中立性の義務が国家から市民社会に拡張されてしまっていると指摘している。

多様な世界観を調整する法の枠組みとしてのライシテではなく、私的団体が守るべき価値とされるライシテ。平たく言えば、ライシテそのものの宗教化であろう。

二〇一四年六月、破毀院はファーティマ・アフィフによる再上告申請を棄却し、バビルー側の勝訴が確定した。内規による解雇は妥当との判断である。ただし、託児所は「宗教的・政治的・哲学的信念の普及と擁護」を目的とする団体ではないことから、差し戻し審が言うところの「信念を持つべき企業」には該当しないとした。価値としてのライシテには加担しない見解を示したとも評価できよう。

バビルー事件は、ブルカ禁止法の制定時期に重なる。どちらも、公立校におけるヴェール禁止を定めた二〇〇四年のライシテの法律の範囲が、拡大されようとする動きのなかにあったと言える。公共空間におけるブルカ着用禁止は二〇一〇年に法制化されたが、ライシテを法的根拠にしていないことはすでに述べた。バビルー事件を通して、職場でのヴェール着用を禁止するライシテの立法化を求める動きも出てきたが、それはライシテからの逸脱であるとの声も聞こえる。異なるライシテ観のせめぎ合いである。ブルキニ論争もこの延長線上に位置づけられよう。

裁判が長引くなか、バビルー託児所には幕が引かれた。二〇一四年一月、跡地に入ったのは「ピエールとルー」。業務時間は平日朝六時から夜一〇時まで。市営の託児所である。

第2章

宗教的マイノリティは迫害の憂き目に遭うのか

世界を支配するユダヤ人のイメージ（反ユダヤ主義者エドゥアール・ドリュモンの主宰する『リーブル・パロール』1893年10月28日号）

1　シャルリ・エブド事件からヴォルテールの『寛容論』へ

二〇一五年一月一一日、フランス全土で推計三七〇万もの人びとがデモ行進を行なった。序章でも触れたように、これは一月七日から九日にかけて、風刺新聞『シャルリ・エブド』本社と警察官そしてユダヤ系食品店が相次いで襲撃された事件の犠牲者を追悼し、連帯意識を表明しようとした人びとの反応である。「私はシャルリ」が合言葉になったことは、イスラームの風刺画を描いて殺された『シャルリ・エブド』の漫画家たちの「表現の自由」が一連の事件の焦点になったことを物語る。その代わり、警官も殺され、ユダヤ系食品店も標的になったこと(現代フランスには深刻な反ユダヤ主義がある)などが後景化した印象は否めない。

この「シャルリ・エブド事件」に際して、奇しくも一月七日が発売日だったミシェル・ウエルベックの『服従』と並び、予期せぬベストセラーに躍りあがった本がある。ヴォルテールの『寛容論』だ。前年の売上げ一万一五〇〇部に対し、年末までに一八万五〇〇〇部が売れたという(なお、一一月のパリ同時テロの直後はヘミングウェイの『移動祝祭日』がよく売れた)。

ヴォルテールが『寛容論』を刊行したのは、カトリックが国教だった時代の一七六三年。プロテスタントの商人ジャン・カラスが息子殺しの嫌疑をかけられ、不十分な裁判で死刑になった事件を知り、彼の名誉を回復する運動のなかで生み出された書物である。一言で言えば、宗教の狂信を戒め、寛容の必要を説いた本である。

普通の見方をするなら、「私はシャルリ」を唱えたフランス人が『寛容論』を手に取ったのは、宗教的な狂信の犠牲になったジャン・カラスと、同じく宗教的な狂信の犠牲になった『シャルリ・エブド』の漫画家たちを並行関係でとらえたからだろう。ヴォルテールに促されるようにして、自分たちも「シャルリ」のために立ちあがったのだと。

けれども、このような見方とはやや異なる観点も加えてみたい。ヴォルテールが擁護したのは、プロテスタントというマイノリティ宗教の信者として社会の偏見に晒され、殺された人間であった。一方、「私はシャルリ」を合言葉に集まったのはどのようなフランス人だったのか。

歴史人口学者・家族人類学者のエマニュエル・トッドは『シャルリとは誰か？』において、二〇一五年一月一一日のデモは国民的なものだったように見えるが、実はムスリム系が多く含まれる都市郊外の若者たちの参加率は低く、逆にカトリックの影響力が伝統的に強い地域での参加率が高かったと論じている。このデモの特徴は、カトリック的な心性であるところの不平等主義が、もともと平等主義的であったはずの共和国の仮面を被って噴出した点にある、というのが議論の筋である。トッドは、このような現象を「ゾンビ・カトリシズム」と呼ぶ。

トッドの主張は、一月一一日のデモは国民の一体性よりもむしろ亀裂を示したというもので、多くの批判や異論も寄せられたが、彼にしたがうなら、「ゾンビ・カトリシズム」であるところの「シャルリ」たちは、他者の宗教に敬意を払うどころか好戦的である。それゆえ、トッドは彼らがヴォルテールを錦の御旗に掲げることに首を傾げている。「シャルリの場合とは反対で、ヴォルテールが糾弾したのは他者たちの宗教ではなかった。彼は、自分の宗教と、自分の宗教の源である宗教を冒瀆したのである」。

ヴォルテールにとっての「自分の宗教」とはカトリック、「自分の宗教の源である宗教」はユダヤ教に当たる。そして、ヴォルテールの『哲学辞典』では、イスラームやプロテスタントはほとんど扱われていないとトッドは付け加えている。ちなみに、『哲学辞典』の「狂信」の項においてヴォルテールは次のように述べている。「もっとも憎むべき狂信の例は、聖バルテルミーの夜、ミサに行かなかった同胞を殺し、窓から放りだし、八つ裂きにしてまわったパリの町民たちのそれである」。つまり、マイノリティのプロテスタントを迫害したマジョリティであるカトリック側の狂信を「もっとも憎むべき」と糾弾している。

ヴォルテールは「シャルリ」か

このような観点に立つと、ヴォルテールの宗教批判は『シャルリ・エブド』の漫画家たちのようなものだったのかという疑問が浮かんでくる。『寛容論』の冒頭で、ヴォルテールは次のように述べている。

「危険と報償とが見合っている場合には、驚きはなく、同情の気持さえ薄らぐものである。だが、罪もないのに一家の父親が誤謬、偏見、さては狂信の手に委ねられるというのであれば〔……〕そのとき世論は立ち上がらねばならない」(中川信訳、傍点引用者)。

「ひとが大きな利益を得るために危険をおかしたのであれば、そのひとが死んでも驚きはない、憐れむ気持ちも薄らぐ。しかし、何の罪もない一家の父が、ひとの思い違いや熱狂や妄信のせいで殺されたとしたら〔……〕そのとき、ひとびとの悲鳴があがる」(斉藤悦則訳、傍点引用者)。

あえて二つの訳文を掲げてみた。前者からは、罪なき人間が狂信の手によって殺されたときには、人びとは抗議の声をあげるべきだという規範的な正義感に訴える調子が伝わってくるとすれば、後者からは、利益を狙った人間が殺害されるのは驚くに値しないが、罪なき人間が殺されるのは恐怖であるというニュアンスがにじみ出てくるように思われる。

なお、「世論は立ち上がらねばならない」、「ひとびとの悲鳴があがる」とそれぞれ訳されている箇所の原文は«le cri public s'élève»で、より直訳調に近づければ「公共の叫びが起こる」という意味である。

いずれにしても、ヴォルテールは、利益を得ようとして危険をおかした者の死と、罪なき者の死を区別している。ところで、『シャルリ・エブド』紙は販売部数の低下と資金繰りの困難を抱えるなか、過激な風刺画を連発することで売上げを伸ばそうとしていた。これはみずからの利益のために、あえて危険をおかしたということではないだろうか。それで殺されたのであれば、驚きはないとヴォルテールのテクストは暗示しているのではないだろうか。

もちろん、驚きはないとやり過ごすことなく、狂信に対して大勢が立ちあがった現代フランス人の行為は、非難される類のものではあるまい。賛同を呼んでしかるべきものだ。けれどもそれは、結果として別の狂信となって立ち現われる面はなかっただろうか。

もうひとつ立てておきたい論点は、ヴォルテールは「他者の宗教」を糾弾しなかったというトッドの指摘を鵜呑みにしてよいかということである。たしかにこの一八世紀の啓蒙主義者はカラス事件において、プロテスタントという当時のフランスにおいて争点を構成していた宗教的マイノリティを擁護する格好になった。けれども当時「他者の宗教」であったのはプロテスタントだけではない。ヴォルテールは「自分の宗教」たるカトリックと「自分の宗教の源である宗教」であるところのユダヤ教を批判したとトッドが指摘するとき、ユダヤ教は「自分の宗教」の側に引き込まれようとしているが、それはむしろ「他者の宗教」だったのではないだろうか。ところで、ヴォルテールはユダヤ教をしばしば激烈な調子で糾弾しているのである。ユダヤ系の出自を持つトッドが、そのことを知らないはずはないだろう。おそらくトッドは、不寛容な「シャルリ」たちが『寛容論』のヴォルテールに訴えるのは筋違いである点を強調するために、ここではあえてヴォルテールにおける反ユダヤ主義の側面に目をつぶっているのだと思われる。

いずれにしても、「シャルリ・エブド事件」とヴォルテールの『寛容論』の関係はなかなか一筋縄ではいかない。当時のカトリックの狂信に対応するものを、もし現代フランスにおいて探るなら、それはイスラームのジハード主義者たちの暴力に近いだろうか、それともカトリック・ゾンビたちの熱狂に近いだろうか。

マジョリティの論理をつかみ出す

本章の狙いを説明しておこう。

前章で示した論点のひとつは、現代のライシテには、かつて敵対したカトリックをフランスの文化や伝統として取り込み、ナショナル・アイデンティティを強化するカト＝ライシテの論理があり、それがイスラームに対峙する構図が見られる、ということである。

たしかに、現代フランス人のマジョリティがカト＝ライシテを意識的に奉じているとは言えないだろう。それでも、カト＝ライシテの論理は無意識におけるマジョリティの論理をなすようなものではあるだろう。

なぜ、現代のライシテにはナショナル・アイデンティティとして硬直化する面があるのだろうか。それをよく理解するには、近年の変化に注目するだけでなく、カトリックが国教だった時代にまでさかのぼり、フランスの歴史のなかで反復されてきたマジョリティの論理を、宗教的マイノリティとの関係から照らし出して考えるのが有効だと思われる。

歴史の遡行は、ともすると迂遠に見えるかもしれない。だが、これはイスラームに向き合うカト＝ライシテという現在の構図を、文明の衝突論に落とし込まない工夫でもある。「ライシテは政治と宗教の分離だが、イスラームは政治と宗教を分けない」と議論を組み立ててしまうと、フランスはムスリムと共存できるかという問いに肯定的に答えることは著しく困難になるおそれがある。

これに対し、カト＝ライシテというマジョリティの論理と宗教的マイノリティの関係という見地に立つならば、現在の困難をこれまでの型の新たな反復としてとらえ返すことができる。「ライシテ対イスラーム」を「マジョリティ対マイノリティ」の図式にずらすこと。それによって、現在の困難を乗り越えていくための糸口も見えてくるのではないだろうか。

2　カラス事件とプロテスタント

一七六一年一〇月一三日の夜。トゥールーズのプロテスタント商人ジャン・カラスの家で事件が起きた。家にいたのは主人と夫人、長男と次男、女中と一人の客、全員で六人であった。カラス夫妻には六人の子どもがいたが、三男はカトリックに改宗して家を飛び出していた。四男はニームで徒弟奉公中、長女と次女は当日現場にいなかった。二階で夕食の食卓を囲むも、長男マルク＝アントワーヌは食後すぐに席を立った。残った者たちで歓談したあと、客が帰るのを見送るために階段を降りると、マルク＝アントワーヌが首を吊っていた。

父親は長男の身体を下におろし、次男ピエールに医者を呼びに行かせた。やってきた医者は死亡を確認し、首の周りと耳の後ろのロープの跡から、死因を「首を絞めたか吊ったため」と特定した。このとき父親は、自殺とは言わないよう家族たちに口止めをしたとされる。当時は自殺者を通常の死者のように埋葬することができなかったからである。衣服を剝がれた死体は、街を引き回され、群衆から石や泥を投げつけられ、一定期間晒されたあげく、ごみのように捨てられることになっていた。

カラス家の周りには人だかりができた。このとき群集のなかから、「カトリックに改宗するつもりだった長男を、プロテスタントの家族が殺した」という声があがったという。現場に到着した町役人《カピトゥール》——理の当然として国家そして教会に忠実な人間であった——は、長男は宗教上の理由で家族に殺されたものと判断した。

自殺と断定されれば死体が街を引きずり回されたはずのマルク＝アントワーヌは、カトリック教会の手によって殉教者として扱われ、大々的な葬儀が執り行なわれた。一方、市役所の判事たちは、カラス夫妻と次男ピエールを拷問にかける決定を下した。

トゥールーズの高等法院も事件の審理に乗り出した。すでにカトリック信者になっていた三男ルイにならって、長男マルク＝アントワーヌはカトリックに改宗しようとしていたが、それを知った父親は家族から二人目の背教者を出すまいとして、妻と息子と客の力を借りて長男を殺害したと罪状をまとめた裁判所は、決定的な証拠を欠いたまま、一七六二年三月九日にジャン・カラスに死刑判決を下した。刑が執行されたのは翌日である。告白を促した司祭に対して無実を訴えたジャンは、鉄の棒で両腕・両足・腰を砕かれ、車輪に仰向けに縛られて二時間放置されたあと絞首となり、死体は火中に投じられた。

ジャン・カラスが処刑されたのは、ちょうどトゥールーズの街で起きたある事件の二〇〇周年を控えた時期だった。宗教戦争のさなかの一五六二年、カトリックとプロテスタントが衝突した。市役所に立てこもったプロテスタントに休戦を申し入れたカトリックは、相手が武器を捨てて出てきたところを軍隊で襲撃し、約四〇〇〇人を殺害した。この事件は、カトリックにとっては「異教徒」からトゥールーズを守った出来事であり、毎年五月一七日は「解放記念日」として祝われていた。

プロテスタントを容認する一五九八年のナントの王令は一六八五年に廃止されたが、フランス南西部では禁教下での再興の兆しがあった。一八世紀半ばのトゥールーズの人口は約五万人、プロテスタントの数は二〇〇未満と見積もられている。カラス事件前後のこの街の周辺では、武装したプロテスタントの兄弟が逮捕される事件、プロテスタントの娘が井戸から死体で発見される事件などが続いており、緊張が高まっていた。

また、もともとトゥールーズは青の染料パステルを基幹産業としていたが、インド藍に取って代わられてからは経済状態が悪化していた。さらに、一七五六年からの英仏戦争でフランスはインドと北米の植民地を失い、人びとの生活は苦しくなっていた。そのような状況で、カトリック住民の不満のはけ口が少数派のプロテスタントに向かう構図があったと言えるだろう。

「寛容」の意味の転換と「われわれ」を批判する意識

カラス事件の第一報が、トゥールーズから四〇〇キロメートル離れたスイス国境の街フェルネーにいたヴォルテールのもとに届いたのは、処刑日から半月ほど経った一七六二年三月二二日のこと。最初ヴォルテールは、「ユグノー教徒は、われわれに輪をかけてたちが悪い」と記すなど(ユグノーはフランスのプロテスタント)、狂信的なプロテスタントの父親による息子殺しと理解したようだ。

だが、ほどなくして考えを改める。南仏ニームにいた四男ドナ・カラスは、一家が事件に巻き込まれたことから身の危険を覚え、ジュネーヴに亡命していた。ヴォルテールは彼に会って事情を聴くと、カラスは無実であると確信する。そして、裁判を再審に持ち込み、カラスの名誉を回復する事業に乗り出した。

再審請求の手続きは、非常に複雑で長い道のりである。一般に成功の望みは薄い性質のものだが、ヴォルテールはいわば筆一本でこれを企てた。彼が用いたのは、人びとに訴えて世論を動かす戦略であった。裁判を糾弾する文書を作成し、家族の手紙を代筆して公表し、数多くの手紙を書いて有力者にはたらきかけた。『寛容論』の執筆と刊行もこの一連の流れのなかにあったものだ。再審請求の経緯は省略するが、一七六五年三月九日、つまり死刑判決からちょうど三年の節目の日に、ジャン・カラスの無実が認められ、名誉が回復された。ヴォルテールの全面勝利であった。

もともと「寛容」という言葉には、唯一真正の宗教があるにもかかわらず、間違った宗教を大目に見て見逃すという、否定的なニュアンスが込められていた。これに対し、ヴォルテールの『寛容論』は、「寛容はけっして内乱の原因にはならなかった。不寛容が地上を殺戮の場に変えた」と述べている(以下、『寛容論』からの引用は斉藤訳)。この点において、ヴォルテールは「寛容」の意味にひとつの転換をもたらそうとしたと言うことができるだろう。

「今日の課題は、穏健なひとびとに生きる権利をあたえ、そして、かつては必要だったかもしれないがいまでは必要性がないような厳しい法令の適用をゆるめることである。〔……〕われわれはただ、恵まれないひとびとにも政府が配慮することを願う。それだけである。恵まれないひとびとを活用し、かれらをけっして危険な存在に変えない方法はたくさんある。〔……〕たしかに、カルヴァン派の下層民のなかにはいまでも狂信的な信者がいる。しかし、カトリックの一部、たとえばジャンセニストの下層民のなかにはそれ以上に狂信的な信者がいることも事実である。〔……〕その数を減らすもっとも確かな方法は、この精神的な病を理性による治療にゆだねることである。〔……〕今日、教養人はそろって狂信的なふるまいをあざ笑う。この嘲笑を軽んじてよいものだろうか。嘲笑というのは、あらゆる宗派の狂信的な逸脱にたいする強力な防壁なのである」(『寛容論』)。

ここには、宗教的マイノリティには過激な人間もいるが、多くは恵まれない境遇に置かれている穏健な人びとであるというヴォルテールの認識が示されていよう。そして、そのような彼らに不寛容な態度で臨むのは、社会のマジョリティの側にいると思っている狂信的な人間たちではないかという告発の姿勢も見られる。さらに、狂信には理性と笑いが有効な処方箋であるとの提案もなされている。

自己反省に向かうルソーに対し、ヴォルテールは自己検証をせず、つねに自分自身を善と見なすとも指摘されるが、少なくとも「われわれ」キリスト教徒の暴力性やフランス人の後進性に対する批判意識は存分に持っている。「私は、口にするのもおぞましいことだが、これを真実として語らねばならない。すなわち、迫害者、死刑執行人、人殺し、それはわれわれである。

われわれキリスト教徒である。誰を迫害し、誰を殺してきたか。自分の同胞を迫害し、殺してきた。〔……〕われわれフランス人は、ほかの国民がもっている健全な意見をいつも一番最後にしか受けいれられない国民なのだろうか」(同前)。

「他者の宗教」に対する眼差し

では、「他者の宗教」であるイスラームに、ヴォルテールはどのような眼差しを注いでいたのだろうか。彼の戯曲に『狂信あるいは預言者マホメット』がある。預言者ムハンマドを盲信する純真な若者は、メッカの執政官のもとに囚われている女性に恋い焦がれている。ところが、ムハンマドもこの女性を気に入ってしまう。そこで若者をそそのかし、執政官を暗殺させるという筋書きである。この作品は、一七四一年にリールで初演され成功を収めたが、翌年にパリで上演されると中止に追い込まれた。預言者ムハンマドを冒瀆したからではない。イスラームを批判する体裁を取りながら、カトリックを風刺していると受け止められたからである。

けれどもヴォルテールは、のちにイスラームの寛容を評価するようになる。「イスラーム教(islamisme)がわれわれの半球の半分以上に定着したのは、武力によるものではまったくなく、征服者たちの情熱と説得わけても模範によるものであって、それが被征服者に多大な感化を及ぼした」。ヴォルテールはこのように述べて、当時流通していた一般的なイスラーム観を揺るがそうとしている。

「ムスリムの立法者は、力強く恐ろしい男で、彼の勇気と武力で教義を打ち立てたが、彼の宗教は寛大で寛容なものになった。キリスト教の神なる創設者は、謙遜と平和のうちに生き、侮辱の赦しを説いたが、彼の神聖にして甘美な宗教は、われわれの欲望と熱狂によって、あらゆる宗教のなかで最も不寛容で野蛮な宗教になった」(『諸国民の習俗と精神についての試論』一七五六年、第七章)。

このように、ヴォルテールはイスラームに好意的と言ってよい評価を寄せている。もっともこれは、「他者」としてのイスラームを彼がよく理解したからというよりも、イスラームに照射されたキリスト教を批判することに強く動機づけられていたからと言うべきかもしれない。いずれにしても、ヴォルテールの二つのテクストのあいだに見られるイスラーム評価の反転には、しかるべき注意が向けられてよい。

ユダヤ教についてはどうだろうか。ヴォルテールは、『寛容論』においては、ユダヤ教の神は自分の民には厳しくとも異教の信仰を罰しないこと、正統派と分派の違いがカトリックとプロテスタントのような争いには発展していないことを理由に、「ユダヤ人の極端なまでの寛容さ」について述べている。

だがヴォルテールは、その傍らで反ユダヤ主義的な言辞を書き残してもいる。同時代のユダヤ人から「すでに十分すぎるほどの不幸に見舞われた一つの民を踏みつぶそうとしている」との苦情を受けたヴォルテールは、『寛容論』の執筆に勤しんでいたはずの一七六二年に、次のような返事をしたためている。

「多くの人々が、あなた方の法、あなた方の書物、あなた方の迷信にどうしても我慢ならない気持ちを抱いている。そういう人々によれば、あなた方の民族は、いつの時代にも自分自身に悪を呼び寄せ、そして人類全体にも悪をもたらしてきたと考えられます」(ポリアコフ『反ユダヤ主義の歴史III』より引用)。そして「キリスト者ヴォルテール／敬虔なるキリスト者の王に仕える王室付き通常貴族」と署名している。つまり、「あなた方」から区別される「われわれ」の側に自分を置いているのである。

寛容を説く一方で、敵を作る言説を紡ぐヴォルテールの振る舞いを、どう理解したものだろうか。彼の宗教批判は一筋縄ではいかない。宗教破壊のイメージが強いが、実は神の存在を信じており、フェルネーに教会を建てている。ヴォルテールの反ユダヤ主義を論じたレオン・ポリアコフは、理神論という新しい宗教を築いたこの一教会の長は、自分をムハンマドやルターのような過去の偉大な宗教の創始者の高みに置くことで、ユダヤに攻撃の矢を放ち続けることになったのではないかと推測している。

渡辺一夫の問い

いずれにしても、ヴォルテールにとっての寛容とは、日本語で平たく寛容と言われているものとは、どうやら勝手が違うようだ。たしかに、このフランスの哲学者は、「自分がしてほしくないことは他者にもしてはいけない」という(日本人にもわかりやすい?)寛容のあり方も『寛容論』で説いている。

だが、それだけではない。ヴォルテールが説く寛容は、すべてを許容することや、ともすると無関心と区別がつかなくなるようなものではなく、むしろ旗印を鮮明にして闘うことである。この闘争のスローガンとしてヴォルテールが用いたのが「卑劣漢を粉砕せよ」という有名な言葉である。狂信や不寛容に対しては、闘わなければならないのである。

けれども、寛容を守るための闘いが、いつの間にか不寛容にすり替わっていることはないだろうか。それは容認されることだろうか。「寛容は自らを守るために不寛容に対して不寛容になるべきか」。これは、フランス文学に深く通じた日本のユマニスト渡辺一夫が一九五一年に書いた文章の表題である（『狂気について』所収）。

「過去の歴史を見ても、我々の周囲に展開される現実を眺めても、寛容が自らを守るために、不寛容を打倒すると称して、不寛容になった実例をしばしば見出すことができる。しかし、それだからと言って、寛容は、自らを守るために不寛容に対して不寛容になってよいというはずはない」（強調原文）。渡辺の考えははっきりしている。「不寛容によって寛容を守ろうとする態度は、むしろ相手の不寛容を更にけわしくするだけであると、僕は考えている」。

対策は、寛容な人びとの数を地道に増やしていくことである。それは「必ず不寛容の暴力の発作を薄め且つ柔らげるに違いない」。たしかに、「不寛容」のほうが「手っとり早く、容易であり、壮烈であり、男らしいように見える」。一方、「寛容」は、「忍苦を要し、困難で、卑怯にも見え、女々しく思われる」かもしれない。「だがしかし、僕は、人間の想像力と利害打算とを信ずる。人間が想像力を増し、更に高度な利害打算に長ずるようになれば、否応なしに、寛容のほうを選ぶようになるだろうとも思っている」（強調原文）。「利害打算」で考える人でも、寛容を選ぶほうが合理的であると判断するはずだという期待である。

理性と笑いによって狂信を克服しようとするヴォルテールの闘いは、微妙なバランスのうえに成り立っている。不寛容に挑む寛容の闘いは、首尾よくゆけば当事者双方に理性と笑いによる解放をもたらしうるだろう。だが、その闘いは不寛容と不寛容の争いにも発展してしまいかねない性質のものだ。

政治が宗教をしたがえる構図のもとでの寛容

ヴォルテールの時代にはまだ「ライシテ」という言葉は使われていなかったが、不寛容な宗教に対するヴォルテールの闘いをライシテの歴史の観点から評価するなら、それは一方では一九世紀の共和派対カトリックの「二つのフランスの争い」を、他方では宗教を民主主義の理念と原則に調和させていく方向性を予感させる。前者は「戦闘的なライシテ」に、後者は「共存のライシテ」に連なるものであろう。

いずれにしても、不寛容な宗教とは共存できないという考えが埋め込まれていることに注意したい。宗教には無条件で自由が与えられるのではなく、不寛容な宗教は寛容になる必要があるという論理が見られる。このように、宗教を変化させようとする力学は、フランスのライシテにとっておそらく本質的に重要な契機である。

イギリスのジョン・ロックは、『寛容についての書簡』(一六八九年)において、「政治的共同体」と「宗教的共同体」の分離を主張しているが、そこで説かれているのは国家と教会の相互不干渉である。若い時期をイギリスで過ごした英国通のヴォルテールは、ロックの議論を踏まえつつ、教会を国家に従属させる構図のもとで政教関係を考えている。

これは、フランス王国が想定していた政教関係のあり方に対応するものである。カトリックの総本山はローマだが、神授権にあずかる王が神との直接的な関係に入り、フランス国内の教会をしたがえるガリカニスムの構図が、ヴォルテールが着想する政教関係のあり方にも反映されている。厳しい宗教批判を展開したヴォルテールだが、国王にはしたがうと明言している。

プロテスタント商人の名誉を回復し、当時の国教だったカトリックの聖職者や狂信的な信徒たちを激しく攻撃したヴォルテールは、一方では、あたかもマイノリティ宗教の側に立ち、マジョリティの側の論理を批判的に浮かびあがらせる役割を果たしたかのように映る。と同時に、他方では、彼はマイノリティ宗教に自由を与えることを主張していたわけではなく、政治秩序に服する構図のもとで寛容な宗教を許容するよう訴えていたのであって、その意味ではガリカニスムの地平で政教関係をとらえていたと言えよう。

3 ドレフュス事件とユダヤ人

解放と同化、同定と差別の二重の論理

フランス革命の前年、プロテスタントに対する寛容令が出た。フランスのプロテスタント人口は長期にわたって約二%という数字だが、一八七九年のワディントン内閣では九人の閣僚のうち五人をプロテスタントが占めた。これは、かつて弾圧された新教徒が革命後の社会に溶け込み、受け入れられたことを雄弁に物語るものだ。しかし、普仏戦争の敗北(一八七一年)から間もない当時、プロテスタントはドイツ的で本当のフランス国民ではないと嫌疑の眼差しにも晒された。このことは、同化によっても差別は必ずしも解消されず、むしろ新たな地平と形式において反復されうることを暗示している。

革命後のフランスで、おそらくプロテスタントにも増してそのことを象徴的に体現することになったのはユダヤ人であろう。ハンナ・アーレントは『全体主義の起原』のなかで、近現代における「反ユダヤ主義の成立と成長は、ユダヤ人の同化の過程、ユダヤ教の古くからの宗教的・精神的内容の世俗化および消滅ということと時を同じくしている」と述べている。

ユダヤ人が同化と世俗化の過程で新たな差別の対象となったことを見事に言い当てているが、この引用だけでは抽象度が高いかもしれない。説明を補っていくことにしよう。

革命以前のフランスの「ユダヤ人＝ユダヤ教徒」(ジュイフ)は、宗教的・民族的共同体のなかで暮らしており、異教徒の外国人のような存在として法的に差別されていた。フランス革命とユダヤ人の「解放」は、このような存在のあり方に変更を迫ることになった。

「民族共同体《ネーション》としてのユダヤ人にはすべてを拒否し、個人としてのユダヤ人にはすべてを与えなければならない」。一七八九年にクレルモン・トネールが述べたこの言葉には、ゲットー(強制隔離居住地区)から解放されたユダヤ人は、個人として共和国の「市民」になるという考えが明確に示されている。この発言は、より広く一般に、フランス共和主義が何を理念とし、何を警戒するのかを集約的に表現している。人は個人として解放されるのであって、共同体に所属する人間としてその特殊性を認めることはできないという考えがここに認められる。

他方、一八〇七年にサンヘドリン(ユダヤ教の最高決定機関)を開催したナポレオンは、国家への忠誠を宗教に対する義務よりも優先させることを確認するとともに、ユダヤ教を公認宗教のひとつに位置づけた。代表機関としてのコンシストワール(長老会)を通じて、信者を管理できるような仕組みを作りあげようとした。

ユダヤ人をユダヤという共同体の成員とは見なさないという論理と、それでも彼らを長老会とつながりを持つ存在として把握しようとする論理の同居に注意したい。近代社会への同化を促す論理と、ユダヤ的特殊性に縛り付ける論理がせめぎ合っているのである。

このような環境において、「ユダヤ教徒」とはかぎらない「ユダヤ人」が析出してきた。「ジュイフ」という呼称の否定的なイメージを払拭しようと、「イスラエリート」や「モーセ宗旨のフランス人」という言葉も用いられるようになる。ただしこの変化は、近代フランス社会に適応して同化を遂げたはずのイスラエリートにも、ユダヤ性はつきまとい続けるという現象と実は表裏一体である。

カトリックの「宗教的な反ユダヤ」は昔からのものだが、資本主義の発達にともない金融業などで「経済的成功」を収めたユダヤ人は、右の王党派からも左の社会主義者からも非難や敵意の対象になった。言語学や生物学などの当時の先端的な学問も、人種理論や社会進化論と結びつき、「科学的な言説」を装いつつユダヤ人をしばしば劣位に置いた。

さらに一八八〇年代以降、ロシアおよび東欧からポグロム(特にユダヤ人を対象とする集団暴力行為)を逃れて多くのユダヤ人がフランスに流入し、社会的な可視性を高めつつあった。

一九世紀のカト＝ライシテと反ユダヤ主義

「反ユダヤ主義」(antisémitisme)という言葉自体が生まれたのも、ちょうどこの頃である。ドイツ人ジャーナリストのヴィルヘルム・マールが、非宗教的な「反ユダヤ」を「反セム」という言葉で一八七九年に表現したのが最初で、一八八〇年代以降フランスでも使われ人口に膾炙《かいしゃ》するようになった。これはセム語という「言語」のカテゴリーを「人種」と混同し、また「セム民族」を「ユダヤ人」に還元している点において、大きな問題をはらむ用語である(セム語に属すアラビア語話者のユダヤ人憎悪も「反セム主義」になってしまう奇妙さを想像してみよう)。それでも、「アンチセミティスム」という用語は現在でも使われており、もっぱら「反ユダヤ主義」を指すことになっている。

一八八〇年代は、特に教育の領域をめぐり、カトリック教会と共和派が敵対していた時代である。では当時、両陣営が共有するカト＝ライシテの論理は不在だったのだろうか。

フランス革命の成果のひとつである「表現の自由」を、第三共和政は「新聞自由法」(一八八一年)によって具体化した。このライシテ側が制定した法律の地平で、反ユダヤ主義的な言論を繰り広げたカトリックのジャーナリストにエドゥアール・ドリュモンがいる。大成功を収めた『ユダヤのフランス』(一八八六年)に続き、一八九二年には反ユダヤ主義の新聞『リーブル・

パロール』を創刊した。「自由な発言」という意味である。

一九世紀後半を代表する学者であるエルネスト・ルナンは、一方では、『イエスの生涯』において神ではなく人間としてのイエスを描き、カトリック教会から激しく批判され、ライシテの思想的源泉となった。他方では、プロテスタントに惹かれつつも改宗はせず、カトリックに留まってキリスト教を称揚した。このようなカト=ライシテの地平において、ルナンは反ユダヤ主義的であった。

「二つのフランスの争い」において、右派のカトリックのみが反ユダヤ主義的だったわけではない。反教権主義的な左派の反ユダヤ主義の例に、アンリ・ロシュフォールが主宰した『アントランジジャン』紙がある。一方、歴史家アナトール・ルロワ=ボリウのように、反ユダヤ主義を批判したリベラルなカトリックもいた。

いずれにせよ、ナショナリズムと帝国主義の時代にあって、マイノリティとしてのユダヤ人は、すでにフランス社会に十分溶け込んでいた者も少なくなかったにもかかわらず、本質主義化された「私たち」の対極にある「他者」ひいては「内なる敵」とされる傾向のある状況のもとに置かれていた。

ドレフュス事件の経緯

一八九四年九月、パリのドイツ大使館のくずかごから、フランス陸軍の機密事項を記したメモ（「明細書」）が発見された。参謀本部や砲兵部隊の内情に通じていなければ知りえない内容で、明らかにフランス陸軍内部にドイツと通じたスパイがいることを示していた。

嫌疑をかけられたのはアルフレッド・ドレフュス大尉。アルザス出身のユダヤ人で、前年から参謀本部に実習生として配属されていた。本人は容疑を否定したが、筆跡が一致するとされ、逮捕された。

一二月、パリの軍法会議はドレフュスの軍籍位階剥奪と終身流刑を決定した。審理は非公開であった。年が明けて一月五日に行なわれた位階剥奪式には大勢の群衆が集まり、「ユダヤ人をやっつけろ、裏切り者を殺せ」と叫んだという。無実を訴えたドレフュスは、南米の仏領ギアナにある悪魔島に送られた。

兄のマチウ・ドレフュスは弟を救うために手を尽くすも、圧倒的に反ユダヤ主義的な世論に阻まれ、請願書はことごとく却下された。ユダヤ人ジャーナリストのベルナール・ラザールは、小冊子『誤審――ドレフュス事件の真実』（一八九六年）を刊行し、フランス社会の反ユダヤ主義を告発したが、この時点で軍の裁判に疑念を抱いた者はごくわずかだった。

この間軍部では、新任の参謀本部情報部長ジョルジュ・ピカールが、フランス陸軍のエステラジー少佐にドイツ大使館から手紙が送られていると報告を受け、彼の筆跡を調べたところ、「明細書」のそれに酷似していた。犯人はドレフュスではなくエステラジーであることを告げていた。ピカールは上司に報告するも、軍の威信に傷がつくことを恐れた上層部に握りつぶされ、チュニジアに左遷されてしまう。後任のアンリ少佐は、ドレフュス有罪の新事実として偽書を捏造することになるだろう。

エステラジーの名は、別のルートから世間に浮上した。「明細書」のコピーが『ル・マタン』紙(一八九六年一一月一〇日付)に掲載されてからほぼ丸一年後の一八九七年一一月七日。エステラジーを顧客に持つ銀行家が、筆跡の類似をマチウに知らせてきたのである。マチウは陸軍大臣あての公開質問状を提出し、エステラジーを告発した。

ところが、一八九八年一月一〇日と翌日に開かれた軍法会議は、エステラジーを無罪とした。これを受けて、一月一三日、作家エミール・ゾラは『オーロール』紙に「私は告発する」を発表し、ドレフュスに罪を着せた軍関係者を実名で告発した。

これ以降、世論は再審を求める「ドレフュス派」と軍の名誉を守ろうとする「反ドレフュス派」に分かれる。書類捏造が露見したアンリ中佐が収監先の独房で自殺すると(一部に他殺説あり）、反ドレフュス派のシャルル・モーラスは、偽書作成は「万人の幸福と名誉のため」だったとアンリを弁護した。この間エステラジーはベルギーに逃亡している。

一八九九年六月、破毀院はドレフュス再審を命じ、八月七日からレンヌで軍法会議が開かれた。再び有罪、懲役一〇年の判決が下り、国内外で反対の声が巻き起こった。ドレフュスは上告しようとしたが、政府は大統領による特赦を与えて事態を収束させようとした。周囲の説得もあり、ドレフュスはこれを受け入れた。一九〇〇年一二月、両院で大赦法が可決され、ドレフュスは市民権を回復した。

この「政治的解決」の是非をめぐってドレフュス派内部に亀裂が生まれるが、ここでは深入りしない。本人は別途再審請願を提出し、破毀院は一九〇六年にレンヌの判決を取り消して無罪を言い渡した。ドレフュスは軍に復帰し、勲章を受けて名誉を回復した。

ドレフュスとフランス・ユダヤ世界

ユダヤ人将校に対する冤罪事件の発端から名誉回復までの大筋をたどってみた。ここでまず確認しておきたいのは、被害者のプロフィールは、宗教の信者としてのユダヤ教徒とは言いがたく、世俗社会に適合する同化ユダヤ人であったことである。

アルフレッドの祖父母はフランス革命以前に生まれている。一家が少しずつ宗教的実践から遠ざかっていったのは父母の代で、アルフレッドが伝統的な宗教教育を受けた形跡は見当たらない。教育の重点はフランス市民になることに置かれていた。

普仏戦争後、アルザスのユダヤ人は、同地に留まってドイツ臣民となるか、フランス領内に移り住むかの選択を迫られた。工場経営主の父親は、長男に工場を託して残りの子どもたちと一緒にスイスに移住、のちマチウとアルフレッドをパリに送った。

アルザス出身のユダヤ人としてフランスの軍人になること。そこには、ユダヤ人をゲットーから解放した祖国に対する当人の並々ならぬ愛着と忠誠があったことが推察される。その反面、ドイツに近い非フランス人という嫌疑を抱かれやすかったことも想像にかたくない。

では、そのようなドレフュスを、当時のフランスのユダヤ人たちは擁護しなかったのだろうか。彼の逮捕を受けて、あるいは再審運動に向けて、抗議や支援の言論や行動を起こして連帯を示すことはなかったのだろうか。総じて言えば、目立つ連帯運動は起こさなかった、あるいは起こせなかった。なぜだろうか。

まず、個人として解放されたユダヤ人が統一的な行動を起こすには、宗教的実践の濃淡、社会階層の高低、定住してからの時間の長短が、すでに多様でありすぎた。

だが、その点にも増して注目したいのは、ユダヤ人として連帯すれば、かえって反ユダヤ主義を煽り立て、その結果ドレフュスのみならず、フランス社会に居場所を見つけた自分たちの地位そのものまで危うくなるという心的機構のはたらきである。

ただ、ドレフュス事件に消極的だったフランス・ユダヤ世界という「神話」を見直す研究も、近年進みつつある。たとえば、フランス大ラビのザドック・カーンの周辺には、自分たちが直接世論に訴えるのはむしろ逆効果になることを踏まえたうえで、一般紙にはたらきかける覆面組織が早い段階から形成されていたようだ（菅野賢治『フランス・ユダヤの歴史』）。

宗教としてのユダヤ教を代表するのがザドック・カーンなら、宗教的実践から離れたイスラエリートとして、ドレフュス事件の真相を究明しようとし、ユダヤをめぐる思考を深化させていったのがベルナール・ラザールである。

ユダヤ教の影響をほとんど受けずに育った若きラザールは、ユダヤ人が反ユダヤ主義の標的にならないようにするためには、宗教から離れてフランス社会に同化する必要があると考えていた。ロシアや東欧からやってくるユダヤ人に対しては、彼らはなお宗教的な因習にとらわれていると軽蔑の念さえ抱いていた。

しかし、ドレフュス事件は、同化ユダヤ人もなお反ユダヤ主義の標的になる事実を突きつけた。ラザールの思想は、ユダヤ人はユダヤ性を保ち続けるべきであるという方向に転回する。ロシアや東欧出身のユダヤ人も、その共同体の構成員となるだろう。

それはいかなる形でユダヤの伝統や宗教に回帰することを意味するのだろうか。それはユダヤ人を個人として解放した共和国の内部に、または国民国家フランスの枠を超えて、再び民族共同体《ネーション》を作り出すことなのだろうか。ラザール自身、明確な答えにたどり着いていないようだが、近現代フランスにおけるマイノリティ宗教の構造的なアポリアに触れている。

ゾラ「ユダヤ人のために」

ドレフュス事件当初から言論活動をしていたベルナール・ラザールの狙いは、ユダヤ出自を持つ者として、一将校個人の無実を晴らすことを超えて、フランス社会に巣食う反ユダヤ主義を告発することにあった。これに対し、ドレフュス個人を擁護するのか、それとも軍部と国家を擁護するのか、選択を迫る構図で事件の第二幕を開いたエミール・ゾラの一八九八年一月一三日の記事「私は告発する」のキーワードは、真実と正義であった。

ゾラがドレフュスの無罪を確信し、なおも事件への介入を躊躇し、そして決心を固めるのは一八九七年一一月。真犯人としてエステラジーの名前が世間に浮上するのに前後する時期だ。

無実のドレフュスが罪に問われ、真相解明を試みたピカールが左遷され、軍法会議はエステラジーに無罪を言い渡した。「私は告発する」の告発対象は、反ユダヤ主義的なフランス社会全般ではない。無実の人間を陥れた軍部の人間一人一人の具体的な名前である。ユダヤ出自ではない大作家ゾラによる実名告発は、ラザールの存在感をいっそう薄くすることにもなった。

無実の人間が罪に問われている。ゾラを専門とするアラン・パジェスによれば、カラス事件に直面したヴォルテールを想起する語りがドレフュス陣営側に出てくるのは一八九七年一一月初頭頃からとのこと。「私は告発する」を書いたときのゾラの念頭に、偉大なヴォルテールのイメージがあったことは間違いないという。

ヴォルテールが生きた時代とゾラの時代のあいだには、メディアの発達と識字率の向上が目覚ましかった。カラスの名誉を回復するためにヴォルテールが頼りにした世論はおもに社会の有力者であったとすれば、新聞に掲載されたゾラの一文はより広い大衆に訴えた。

ドレフュス事件とゾラをカラス事件とヴォルテールに重ねる見方は、特に珍しいものではない。イギリス人ジャーナリストで事件前からゾラを英国に紹介してきたアーネスト・ヴィゼテリーは、「カラスとドレフュス、ヴォルテールとゾラ」と題した記事を書いている(『ウェストミンスター・ガゼット』一八九八年一月一九日付)。ゾラが軍への名誉毀損で訴えられ有罪となると、イギリスへの亡命を支援した人物でもある。

ところで、プロテスタントの商人ジャン・カラスの汚名をそそいだヴォルテールは、ユダヤ教をしばしば痛烈に批判していた。一方、ユダヤ人の将校アルフレッド・ドレフュスの擁護に回ったゾラは、かつて反プロテスタント的な文章を書いたことがある。カトリックから解放され「真実」に向かうフランスに暮らす「私たちの人種」を「南の人種」と呼び、「北の人種」プロテスタントは「出て行きたし」と述べ、まだしもカトリックのほうがよいとする内容の論説である(『フィガロ』一八八一年五月一七日付)。

この「プロテスタンティスム」と題した記事から丸一五年、ゾラは同じ新聞紙上で今度は「ユダヤ人のために」を書く(『フィガロ』一八九六年五月一六日付)。ドレフュス事件に本格的に介入する一年半前の文章で、アルフレッド・ドレフュスの名前への言及はないが、フランス社会における反ユダヤ主義の亢進に警鐘を鳴らしている。

ユダヤ人が差別されるのはなぜだろうか。ゾラは次のように述べている。

「ユダヤ人たちが告発を受けているのは、彼らが国民《ネーション》のなかの民族共同体《ネーション》であり、社会から隔絶して宗教的カーストの生活を営み、そうすることによって国境を越え、現実の祖国をもたない一種の国際的な分派《セクト》を形成しているという点である」(『ゾラ・セレクション10』に所収の訳文を参照、原文と照合し一部改変)。

フランスというネーションのなかにもうひとつのネーションを持ち込み、独自の宗教生活を営むことによって社会生活に馴染もうとしない、危険なセクトであるユダヤ人。だが、そのようなユダヤ人観を築いたのは「われわれ」にほかならない。

「今日存在するユダヤ人とはわれわれ自身が作り上げたもの、つまり、われわれの千八百年の歴史をつうじて行われた馬鹿げた迫害の産物である〔……〕。危機だ、危機だ、と毎朝繰り返し叫んでいるうちに、本当に危機が作り出されてしまう」(同前)。

ヴォルテールに「われわれフランス人」を批判する視点があったように、ゾラにも問題を作り出す「われわれ」のほうを批判し、立ち直らせようとする態度が見られる。

サルトル『ユダヤ人』

ゾラの「ユダヤ人のために」から半世紀後の一九四六年、サルトルの『ユダヤ人問題についての考察』が刊行された。執筆時期は一九四四年で、ナチスによるユダヤ人虐殺の規模の巨大さはまだ一般に知られていない。一九五四年にガリマール社から出版されたものが、一九五六年に『ユダヤ人』の邦題で日本語に翻訳されている。

サルトルのユダヤ人の定義は非常にユニークなものとしてよく知られている。「ユダヤ人とは、他の人々が、ユダヤ人と考えている人間である。これが、単純な真理であり、ここから出発すべきなのである。〔……〕反ユダヤ主義者が、ユダヤ人を作るのである」（強調原文）。「もし、ユダヤ人が存在しなければ、反ユダヤ主義は、ユダヤ人を作り出さずにはおかないだろう」。「ひとくちに言えば、ユダヤ人とは、近代国家のうちに、完全に同化され得るにもかかわらず、各国家の方が同化することを望まない人間として定義される」。反ユダヤ主義者の視線と言論によって構築されるユダヤ人。サルトルの独創を否定するつもりはないが、ゾラの議論の系譜に位置づけられることがわかる。

また、ゾラが反ユダヤ主義を作り出す「われわれ」の側を批判したように、アンガージュマン（現実の問題に取り組む社会参加）の思想家サルトルも、ユダヤ人が構築されるメカニズムの説明にとどまらず、倫理的な観点に立って「反ユダヤ主義は、言論の自由の原則によって保証さるべき思想の範疇にははいらない」と断言している。

戦後フランスの思想界をリードするサルトルが、「反ユダヤ主義」に抵抗する義務があるのは「ユダヤ人」ではなく「第一にわれわれ」であって、「ユダヤ人問題はわれわれの問題だ」と主張したことの意味は大きい。「ユダヤ人がひとりでも自分の生命の危険を感じるようなことがある限り、フランス人も、ひとりとして安全ではないのである」という言葉で本は結ばれている。

ところで、サルトルの『ユダヤ人』がモデルとしているのは同化ユダヤ人である。同化を求めても受け入れられず、異化され排除されるユダヤ人が議論の焦点で、たとえば宗教的実践をする主体としてのユダヤ教徒は検討対象から外れている。非ユダヤ人のサルトルにとって、ユダヤ人は外から観察可能な客体であって、ユダヤ人の現実をよく知っていたわけではないとの批判も寄せられている。

サルトルは、一九四八年のイスラエル建国を支持した。その後もユダヤ人とイスラエル国家の存続の権利は擁護し続ける。一方、イスラエルに虐げられているパレスティナ人が、抵抗して暴力的な手段に訴えることにも大義があるとの考えを示すようになっていく。

一九七二年に開催されたミュンヘン・オリンピックで、パレスティナ・ゲリラ組織「黒い九月」がイスラエル選手団を襲撃し、一一人を殺害した事件があった。このときサルトルは、毛沢東主義のジャーナル『人民の大義／私は告発する』(表現媒体の政治的傾向と名前にも注意)で、次のように述べている。イスラエルとの戦争において「パレスティナ人が所有する唯一の武器はテロリズム」であり、「これは恐ろしい武器だが、貧しく虐げられた者にはほかのものがな

い」(第二九号、一九七二年一〇月一五日付)。

イスラエルが主権国家であることを認めると同時に、パレスティナ人にも同じく主権への権利があると言い、テロ行為を糾弾できず、テロとの戦いも告発できないサルトル。この点につき、歴史家ミシェル・ヴィノックは次のように述べている。「不可避になった戦争、凄惨極まるテロリズムと同時に、テロリズムに対する正当な反撃も受け入れることによって、サルトルは相矛盾する信念の板挟みになってしまった」。両方とも正しいなら、終わりなき戦争に突き進むか、相手にも言い分があると理解し認めようとするしかないとヴィノックは示唆している(『フランスとユダヤ人』)。

行動する作家と知識人の系譜

ヴィノックは、ゾラの時代からサルトルの時代までを「知識人の時代」と見なしている。ゾラの「私は告発する」を受けて、ドレフュス再審を求める作家や大学人たちは、署名や言論活動などで再審の機運を盛りあげた。「知識人」という言葉と概念がフランスにおいて誕生したのはこのときである。

反ドレフュス派の文芸評論家が、ドレフュスを支持する「知識人」は本来の職業の本分から逸脱して政治参加していると揶揄《やゆ》したことに由来する言葉である。つまり、発端は否定的な意味合いを帯びた他称であった。だが、「知識人」の要諦とは、ドレフュスという一人の人間が直面せざるをえなかった個別的な問題を、普遍的な課題として引き受けることにあった。一方、体制側を擁護する「知識人」も登場してくることになるだろう。

サルトルは、大義のために行動する作家として、カラス事件のヴォルテール、ドレフュス事件のゾラ（さらにコンゴの植民地行政を告発したジッド）の名を挙げ、その系譜に自分自身を位置づけようとしている（「「レ・タン・モデルヌ」創刊の辞」一九四五年）。さしずめヴォルテールは、「知識人」という言葉が生まれる以前の知識人ということになるだろう。

普遍的な課題を引き受ける知識人の拠り所は、真実と正義である。無実の人間がいわれのない罪に問われているとき、その罪を晴らすという大義が知識人の使命ともなるだろう。しかし、つねに真実はひとつのものとして明るみに出すことができる性質のものなのか。相争う当事者の双方に大義があるとき正義とは何だろうか。

ヴォルテールはカラスの無実を確信し、「卑劣漢を粉砕せよ」と書くことができた。ゾラはドレフュスの無実を確信し、「真実は前進する」と書くことができた。「相矛盾する信念の板挟み」になったサルトルとともに、「普遍的知識人」の時代は幕を閉じた。

ゾラやサルトルがフランスのユダヤ人について論じたことは、現在のムスリムについても大いに当てはまるところがあるだろう。ユダヤ人やムスリムがネーションのなかに別の共同体を作ろうとしているというのは事実なのか。そのように見えてしまうのはなぜなのか。社会への同化を求めつつ、同化が済んでいるはずの者すらも異化して排除する傾向がないだろうか。その原因の一端はむしろ「われわれ」の側にあるのではないだろうか。このような一連の問いが生じてくる。

ところで、構図の類似を推し進めてよいのはどの地点までだろうか。ユダヤ系フランス人の近代を論じた有田英也の一文を引きたい。「ユダヤ系フランス人においては、フランス人であることとユダヤ人であることが、たんに意識の上で両立するだけでなく、深いところで結びつくような論理、あるいは経緯が認められる」(『ふたつのナショナリズム』)。フランス革命がユダヤ人を「解放」した経緯を念頭に置く必要があろう。

では、イスラーム系フランス人には、フランス人であることとムスリムであることが「たんに意識の上で両立するだけでなく、深いところで結びつくような論理、あるいは経緯」が果たして認められるだろうか。

4　スカーフ事件とムスリム

フランスのライシテと言えば何よりもまずイスラームのヴェールを連想する人も少なくないだろう。本書でも、ここまで議論を進めてくる過程で、ヴェールには何度か言及してきた。

以下では、一九八九年に勃発した「スカーフ事件」が二〇〇四年の「ヴェール禁止法」に行き着くまで、事件のいわば「被告」が共和国の学校に通うムスリムの女子生徒だった点に改めて注意しながら(たとえばドイツでは教員のヴェールが争点になった)、フランスにおけるマイノリティとしてムスリムが置かれている状況を把握するための視座をいくつか提示しよう。

その「状況」には当然ながら一九八九年に先立つ前史があり、ユダヤ人に対する処遇と非常に似た面とやはり違う面がある。そのあたりの曲折の本質的な部分を、ヴェールは何を覆い隠しているのかという問いへの回答を求める形で探り当てていきたい。

一九八九年のスカーフ事件と共和主義的なライシテ

一九八九年秋の新学期、パリ北郊クレイユの公立中学校(コレージュ)にマグレブ出身の三人の女子中学生がスカーフを着用して登校した。学校側は、スカーフはライシテに抵触するとして彼女たちの通学を禁じた。学校のライシテか、それとも生徒の権利か。従来の政治の右左では、にわかに判断できない。政権の座にあった社会党は半月以上も反応ができなかった。

その間、パリ大司教のリュスティジェ枢機卿は、学校における宗教の位置を再考すべき時期だと発言している。スカーフは問題ないのではと示唆しつつ、しかし「この議論はムスリムの権威がヴェールの意味を明確に説明しないうちはやめておこう」と述べている。

ところで、イスラームの組織構造はカトリック教会のような中心を持たない。生徒を排斥する学校の姿勢を批判する点では一致を見せたが、穏健アルジェリア系のパリ大モスク管長は、スカーフは義務ではなく個人の選択によるとしたのに対し、フランス・ムスリム全国連盟(FNMF)元代表は義務だと主張し、少女たちの家族を支援して学校との対立を際立たせた。

なお、このようにイスラーム系諸団体の見解に統一性がないことを受けて、政府はイスラームの代表機関の設置に向にて動き出すことになる。

党内に個人の資格でスカーフに反対を表明する議員もいるなか、社会党の教育大臣リオネル・ジョスパンは一〇月下旬、スカーフを理由に少女たちを学校から排除すべきではないとの考えを示した。

レジス・ドゥブレ、エリザベート・バダンテール、アラン・フィンケルクロートら五人の「知識人」は、教育大臣宛の文書「教師たちよ、妥協するな」を『ル・ヌーヴェル・オプセルヴァトゥール』誌(一一月二日号)に発表し、スカーフ問題は「共和国の学校のミュンヘン」であると述べた。一九三八年のミュンヘン会談でヒトラーの領土要求に宥和政策で応じた失策になぞらえ、スカーフに交渉の余地を与えることは敗北であるという趣旨である。

彼らによれば、スカーフの少女たちを排斥する理由は校則違反であって、人種差別とは関係がない。共和国の学校は「解放」の場として機能するものであって、特定の所属が幅を利かせてはならない。イスラームのスカーフは「信仰」を最優先し、「女性の従属の象徴」であり、理性と人権に反する。「原理主義者に対する寛容」は危険である。

ライシテと男女平等の観点からスカーフに反対という姿勢がすでに明確である。さらに注目したいのは、ここでの「ライシテ」は、宗教的信仰を公教育から除外するだけでなく、「寛容の敵」であるところの「原理主義者」とは断固として戦うという態度を含んでいることである。「共和国」における自由とは、宗教に対する寛容というよりも、むしろ宗教的な「共同体主義」から個人を「解放」する闘争だと観念されている。

冷戦構造の崩壊過程で、同じ「西側」にいたはずのアメリカとフランスの民主主義の違いが、この線に沿って浮き彫りになってくる点も注目される。「共同体」に自由を与えるのがアメリカ型だとすれば、共同体から「個人」を「解放」するのがフランス型で、それは「共和国」という特別な名前を持つという意識が、これら五人の知識人たちにはある。

もうひとつのライシテ

ドゥブレらの「教師たちよ、妥協するな」に比べて知られていないが、これに対抗して社会学者のアラン・トゥレーヌら別の五人の知識人が「開かれたライシテのために」と題する文書を『ポリティス』誌(一一月九日号)に発表している。

彼らは言う。『ル・ヌーヴェル・オプセルヴァトゥール』の五人の知識人は、ヒトラーに譲歩した「ミュンヘン」を引き合いに出すが、厳格なライシテ主義者が要求する移民統合政策のほうこそ、ナチスの傀儡政権だったペタン元帥の「ヴィシー」(政権)を彷彿させはしまいか。布切れをめぐってメディアと議会が大騒ぎしているあいだに、平等がないがしろにされている。「排除されているという感情がマグレブの人びとにおいて増大していることを見ないためには、盲目である必要があろう」。スカーフに目を奪われて、現実が見えていないという反論である。

トゥレーヌらは、「二つのライシテ」が対立しているという。ひとつは、差異を恐れ、普遍主義を排除の言い訳とするライシテである。もうひとつは、生徒各人の個人的な選択に余地を与える「より開かれた」ライシテである。

「若きムスリムたちが、反抗または悔しさから、私たちが投影しているところのイスラーム原理主義のイメージにますます似てくることのないよう、注意しなければならない」（傍点引用者）。「排除が原理主義の温床となる。そして国民戦線の温床ともなる」。厳格なライシテ主義者の闘争的態度がむしろ「敵」を生み出し、極右を利するとの批判である。

もうひとつ、「教師たちよ、妥協するな」の陰に隠れてあまり知られていないのは、「狂信者たちに語らせておくな」である。『ル・ヌーヴェル・オプセルヴァトゥール』の同じ号に掲載された文書で、ドゥブレらの文書を読んだ七人のムスリム知識人たちの反応である。「教師たちよ、妥協するな」の原則と方向性に同意するとしたうえで、フランスの政治的議論の文脈にある「彼ら」と「私たち」の立場は同一ではないとニュアンスをつけている。さまざまな潮流をはらむ「この〔ムスリムの〕共同体は、居心地の悪い状態で暮らしている。ヴェールをめぐる議論の背後に、拒否反応が隠れているのではないかと恐れているからだ」。

七人のムスリム知識人は、ヴェールを原理主義者の手に委ねて彼らにムスリムの共同体を代表させてはならないと主張する。「他者に対して開かれてあることと寛容の伝統」を担ってきた「ライシテの力」を結集することが必要である。「フランスのムスリムに対して私たちが言いたいのは、狂信主義者に言葉の独占を許すな、あなたたちの統合に好意的な力の分断を許すなということである」。

たしかに「原理主義者」と戦う姿勢においては「教師たちよ、妥協するな」のライシテに連なることがわかるが、ライシテ理解を「寛容」に引きつけている点では「開かれたライシテのために」に近づいている。いずれにせよ、ヴェールをめぐって「私たち」のあり方を問うという、現代フランスにおけるライシテ問題の基本構図が、一九八九年一一月上旬の段階でほぼ出来あがっていたことがわかる。

一一月二七日、国務院は、宗教的標章の着用そのものはライシテと矛盾しないとの見解を出した。ただし、それが他人の尊厳や自由また教育活動を妨げるような「これ見よがし」のものであってはならない。条件つきながらも「容認」であり、スカーフという「標章」ではなく生徒の「態度」を問題にしている。

一九八九年一一月三〇日付の『ル・モンド』紙は、「三分の二以上のフランス人がイスラームに非常に否定的なイメージを持っている」の見出しとともに、世論調査会社IFOPによる調査の結果を伝えている。それによれば、七五％のフランス人が学校でのヴェールまたはスカあなたは公立校の教室でムスリムの女性がヴェールまたはスカーフを着用することに賛成ですか，反対ですか，それともどちらでも構いませんか．街中での着用についてはどうですか．（%）

	フランス人		国内のムスリム	
	学校	街中	学校	街中
賛成	6	12	30	45
反対	75	31	45	25
どちらでもよい	17	55	22	29
無回答	2	2	3	1
計	100	100	100	100

出典：*Le Monde*, 30 novembre 1989

ーフに反対している。一方、国内のムスリムにおいても、反対が四五％で、賛成三〇％を上回っている。

この年の二月には、イランの最高指導者アヤトラ・ホメイニが『悪魔の詩』の著者である英国の作家サルマン・ラシュディにファトワを発して死刑を宣告していた。フランス革命二〇〇周年の年は、一〇年前のイラン・イスラーム革命を想起する年でもあった。一九七九年の革命を主導したホメイニは、女性の顔と手の部分を除いた身体を黒い布で覆うチャドルの着用を義務づけた。フランス社会の注目を集めたスカーフは頭髪を覆う「ヒジャブ」だったが、これを「チャドル」と呼ぶ混同も見られた。

一方、生徒(一二～一七歳)を対象とした一九八九年一〇月末の世論調査によれば、「あなたの学校にイスラームのヴェールを着用している女子生徒はいるか」との質問に、九四％が「いない」と回答している。「学校でイスラーム

あなたの学校にイスラームのヴェールを
着用している女子生徒はいるか

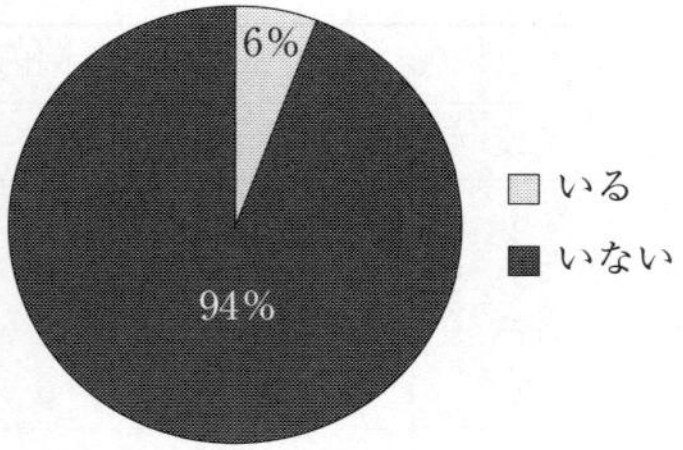

学校でイスラームの
スカーフの着用を禁止すべきか

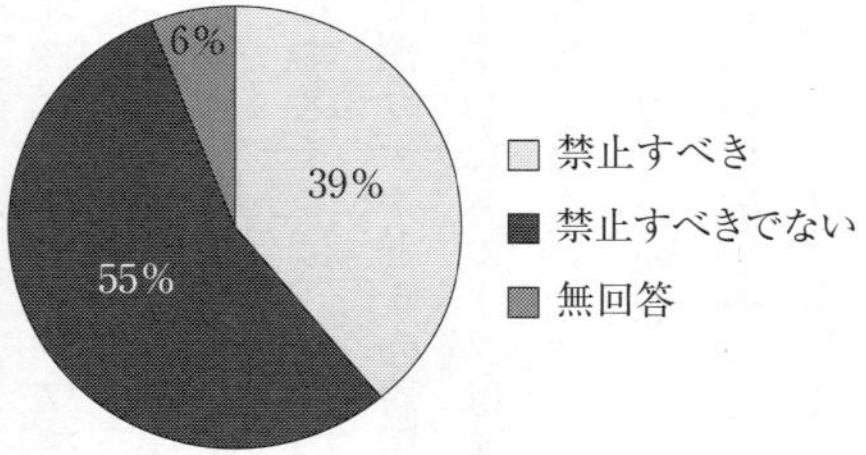

クラスでイスラームのスカーフを被った
女子生徒の隣に座るよう言われたら

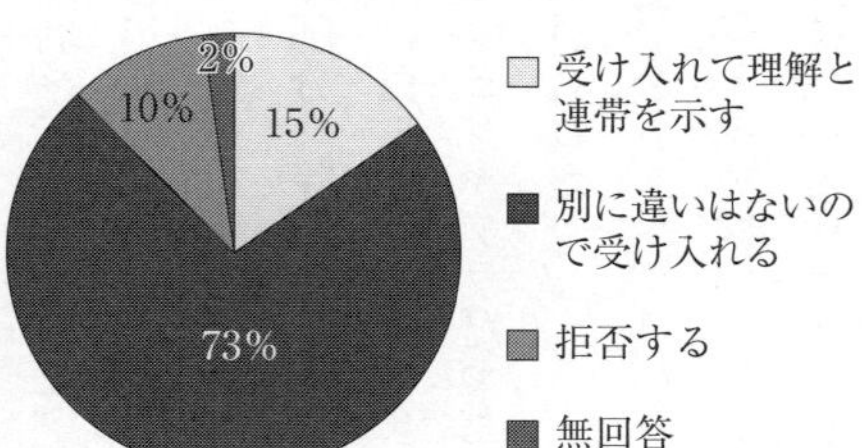

出典：« Le tchador: l'avis des 12-17 ans », IPSOS, 30 octobre 1989

のスカーフの着用を禁止すべきか」との質問に対しては、「禁止すべきでない」が五五％で「禁止すべき」の三九％を上回っている。「クラスでイスラームのスカーフを被った女子生徒の隣に座るよう言われたら」の質問には、「別に違いはないので受け入れる」が七三％だった。社会の大人たちに比べ、学校の生徒たちはスカーフに拒絶反応を示していなかった様子が窺える。

「スカーフ」から「ヴェール」へ

スカーフ問題は一九九三年から翌年にかけて再燃した。保革共存政権《コアビタシオン》において右派の教育大臣フランソワ・バイルーが通達を出し、「慎ましやか」な標章の着用は容認されるが、「これ見よがし」な標章は禁止という内容の校則を設けることを提案している。

当時はどのくらいの女子生徒がスカーフを着用していたのだろうか。一九八九年は二〇人程度だったが一九九四年六月時点で七〇〇人以上とするメディアもあれば、一万〜一万五〇〇〇人という数字をはじき出したメディアもある。教育省は約二〇〇〇と推計した。社会学者のフランソワーズ・ガスパールとファラッド・コスロカヴァールが一九九三年に行なった調査によれば、スカーフ姿の女子生徒は稀で、仮に二〇〇〇人いたとしても就学年齢のムスリム女性の一％程度である。しかも「ヴェール」を「原理主義」と同一視することはできない。

しかるに、フランス社会ではいわゆる「イスラーム原理主義」への恐怖が高まっていった。大きな要因のひとつは、アルジェリア情勢である。一九九一年の総選挙でイスラーム政党のイスラーム救国戦線（ＦＩＳ）が圧勝したが、世俗主義を標榜する軍が翌年クーデタを起こして選挙を無効にした。非合法化されたＦＩＳは、政府との対話路線か対決路線かをめぐって内部分裂した。武装イスラーム集団（ＧＩＡ）に流れた過激派は、一九九四年一二月にエールフランス便をハイジャックしたほか、テロ活動を繰り返して内戦を泥沼化させた。

イスラームのヴェール
出典：私市（2012：20）

「スカーフ」よりも「ヴェール」と呼ばれることが多くなっていくのも、およそ一九九〇年代後半以降のことである。「スカーフ事件」と表記されることの多い一九八九年の時点でも「ヴェール」の語は使われており、基本的には互換性のある言葉だが、微妙な包含関係やニュアンスの違いもある。

スカーフのような布で頭髪を隠す「ヒジャブ」がムスリム女性の着用するヴェールとして最も一般的だが、ヴェールにはヒジャブ以外にも全身を覆うニカブやブルカなどがあり、これらをただのスカーフとは言いにくい。ところで、「ヴェールを外す」というフランス語には「真理を明るみに出す」の意味があり、逆に言えばヴェールを被った女性は無知蒙昧の状態にあるという含みが込められている可能性がある。意識的にせよ無意識的にせよ、啓蒙の精神に連なる「われわれ」とは異なる「他者」というわけだ。また、「全身を覆うヴェール」(voile intégral)という表現は「原理主義」(intégrisme)を連想させる。

偽の問題を振り回した政治家とメディア？

一九九四年に議論が再燃したのち、学校でヴェール事件が多発した形跡は見られない。だが、二〇〇一年の九・一一で欧米社会におけるイスラームのイメージがさらに悪化し、翌年の大統領選挙で「ルペン・ショック」(極右のジャン＝マリ・ルペンが社会党のジョスパンを抑えて決選投票に進んだ大番狂わせ)が起き右派のシラクが高得票率で再選され、イラク戦争の大規模戦闘終結宣言が二〇〇三年五月に出ると、ヴェールが世論の注目を集めた。

翌年のヴェール禁止法制定に至る過程と論争をここで詳述するゆとりはない。代わりに三つのことを指摘しておきたい。

第一に、まさにこの時期にイスラーム教の代表機関ＣＦＣＭが政府の肝いりで設置されたことである。そして政府は、この機関を通じてムスリムにヴェール禁止への理解を求めようとした。だが、この機関の内部にも意見の対立があり、その対立が社会に暮らす多様なムスリムの

学校における宗教的標章の禁止に関する賛否の推移

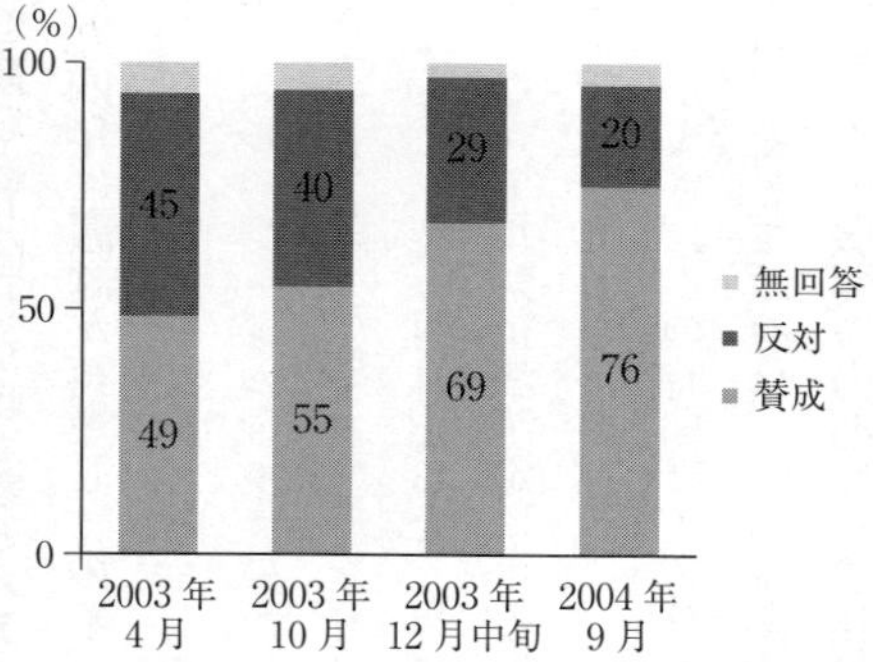

出典：Tévanian（2005: 31–32）．森（2007: 163）も参照

あり方を反映するものだったわけでもない。

第二に、ヴェールをめぐる客観的な問題がまず存在し、不安を抱いた世論が政治家を動かし、法制化に踏み切らせたのは「神話」だという哲学者ピエール・テヴァニアンの指摘である。彼によれば、順序は正反対で、シラク大統領は一九九五年の段階ですでにヴェールを法律で禁止するのがよいと考えていた。政治家の意向がまずあって、それに沿ったメディア報道がなされ、世論はそれに追随するよりほかなかったという。

二〇〇三年四月時点の世論調査では、学校における宗教的標章の禁止は賛成四九%、反対四五%（無回答六%）と拮抗していた。これが一〇月には賛成五五%、反対四〇%（無回答五%）、一二月中旬には賛成六九%、反対二九%（無回答二%）、そして二〇〇四年九月には賛成七六%、反対二〇%（無回答四%）となる。最初は四ポイントだった差が、最終的に五六ポイントまで開いていった。

テヴァニアンによれば、この間主要メディアが発言の機会を多く与えたのは作家・大学人・ジャーナリストなどの「知識人」で、たしかにそれは賛否両論を含んでいたが、現場の教員や生徒、そしてヴェールを被る女子生徒自身の声には、ほとんど耳を傾けていない。

テヴァニアンは、一九八九年には実施された中高生を対象とする世論調査が、二〇〇三年から翌年にかけては行なわれなかったことに首を傾げている。代わりに彼は、パリ郊外のドランシーの高校(リセ)に通う生徒を対象に、二〇〇三年一二月に実施された調査を紹介している。移民に出自を持つ生徒たちが多く、全国平均と見なすことはできないが、スカーフを着用する女子生徒がいるのはこのような学校で、いわば当事者の声である。対象生徒一二五名のうち、ヴェールを被る生徒には我慢できないと回答したのは一名のみだった。宗教的標章を禁止する法律については、賛成が一八%、反対が五六%。ヴェールを外すことを拒否した生徒は退学になってもよいと回答したのはわずか三%で、七一%が退学処分にすべきではないと回答した。

第三に、二〇〇三年から翌年にかけての論争においては、「ライシテ」に加えて「男女平等」の理念がヴェール禁止の論理として大きく前景化してきた。ヴェールは女性抑圧の象徴という論点は、たしかに一九八九年の時点でも存在したが、着用禁止の法制化に対する賛否はフェミニズムに分裂をもたらした。

一方には、法律による禁止は、ムスリム女性を男性の抑圧から保護することになるという見解があった。学校だけでなく、社会全般で禁止すべきであると主張する者もいた。

他方にあったのは、法律によってヴェールを被る女性を学校から排除すれば、彼女たちは抑圧する男性のもとに送り返され、かえって原理主義を利するという見解である。それに、ヴェールを自分の意志で着用している女性もいることを見落としてはならない。この標章を男女平等の主戦場とすることは、男女の賃金格差や家事労働の不均衡の是正など、もっと他に取り組むべきテーマから目を背けることにならないか。

後者の立場は、ヴェール着用の強制には反対だが、ヴェールの意味を女性抑圧に還元する解釈とそれに基づく法律による禁止には反対というニュアンスのついたものである。けれども、法制化反対＝ヴェール賛成といった短絡的な誤解も生んだ。

ヴェールの記号学

ヴェールという宗教的標章《シーニュ》は、多義的な意味を読み解く必要のある記号《シーニュ》である。それはどのような視線に晒され、どのような視線を遮ってきたのだろうか。ヴェールが何を覆い隠している（ように見える）のかを分析するためには、物理的な面だけでなく象徴的な意味にも注目し、文脈のなかで争点を把握することが重要である。

ヴェールは物理的には女性の頭髪や身体を隠すものだ。『コーラン』は、女性の性的特徴や美しさを表わす部分を、肉親などを除く男性には隠すよう指示しているが(第二四章三一節)、頭髪や顔がそれに相当するのか、具体的にはどう隠すのかについては述べていない。頭髪や顔を覆うヴェールの着用は、義務とも義務ではないとも解釈可能である。

いずれにせよ、本来ヴェールは「見られないようにする」ための服装であるはずだが、ヴェールに視線が集まると「隠していることを見せる」ものになってしまう。

ヴェールの背後には、「原理主義者」が隠れているとしばしば言われる。キリスト教の十字架やユダヤ教のキッパ(男性の頭に載せる小さな帽子)は宗教的標章だが、イスラームのヴェールは男女平等に反するうえ政治的要求も示すものであるため、同列には並べられないと主張する者もいる。

そのようなヴェールを「外してやる」ことは、ムスリム女性の「解放」に相当するのだろうか。一九八九年の「最初のスカーフ事件」に三〇年ほど先立ち、アルジェリア独立戦争時に、独立反対陣営のフランス人女性がムスリム女性を「文明」に導くとしてヴェールを取り外す儀式を行なったことがある。このように押し付けられた「解放」においては、ある種のフェミニズムがパターナリズムに反転している。

同様のことが、一九八九年以降のスカーフ論争においても反復されていないだろうか。ヴェールの強制に苦しんでいるという女性を「発明」(または焦点化)し、「解放」すると称して学校から締め出し、「原理主義者」のもとに送り返すのは解決策なのか。信教の自由の観点からヴェール着用を擁護する地点にまでは至らずとも、ヴェールの女性にも共和国の教育を受けさせることが「解放」の手段となるのではないだろうか。

ガスパールとコスロカヴァールは、一九九五年の著作で、ヴェールの着用には三つの意味があると論じている。第一に、移民第一世代のヴェールである。植民地帝国時代のフランスは現地のムスリムを「原住民」と呼び習わしていたが、第二次世界大戦後の「栄光の三十年」(高度経済成長)を支える労働力としてのムスリムは「移民」と呼ばれた。いわゆる出稼ぎの男性単身労働者が中心で、宗教的要求は必ずしも多くなかった。一九七〇年代のオイル・ショックで経済成長が止まると、新規移民受け入れにも制限がかかり、家族の呼び寄せが始まった。いわゆる世界的な「宗教復興」の時期でもあり、「ムスリム」と呼ばれる人びとが増えていく。出身国にいた頃から着用していた移民第一世代のヴェールに対しては、それが慎ましやかなものであれば、フランス社会は容認する傾向にある。

第二に、思春期の少女たちのヴェールである。親や兄からの強制もあるが、着用することで安心させたいという動機にも留意したい。ヴェールを被ることで外出も認められ、フランス社会に馴染むことができる。馴染むにつれて親離れの年齢ともなり、何年か着用したあとタイミングを見計らって脱ぎ捨てることもある。家庭と社会のあいだでヴェールは戦略的に用いられ、着用と宗教的な敬虔さは必ずしも相関関係にはない。

第三に、権利要求のヴェールである。フランス的な価値観で育ち、それを深く内面化しながら、社会において周辺化されている現実を前にした若者世代が、アイデンティティを求めて、しばしば個人主義的なやり方でイスラームを自分のものにしようとする動向がある。ヴェール着用もその兆候のひとつである。彼女たちにとってライシテとは、ヴェール禁止の原則であるどころか、自発的にヴェールを被るフランス人ムスリムであることを可能にしてくれるはずのものである。彼女たちのヴェールは、本来は非政治的で平和的と言えるはずのものだが、社会が不寛容な姿勢で臨めば過激化するおそれもある（『スカーフと共和国』）。

ヴェール問題がメディアの注目を集めると、禁止か容認か白黒はっきりさせようとする論調になり、込み入った微妙なニュアンスが伝わりにくくなる。喧《かまびす》しい議論は当事者自身の声をかき消して聞こえなくする。ヴェールばかりに報道が集中すると、他にも取り組むべき数々の社会問題から視聴者の視線を逸らすという効果も生まれる。

　ヴェール論争においては、しばしばライシテや男女平等という大義名分の裏で、フランス植民地主義の過去とそれに由来する文化的な人種差別が見え隠れしている。隠すことで視線を集めるヴェールは、物事の一面を見せて別の面を見えなくするが、それは同時に背後に隠れているものがあることを静かに告げるものでもある。ヴェール論争は、人権の国フランスのいわば恥部を隠しつつ、その所在を暗に示す機能をも果たしている。

5　反復と差異

新しいドレフュス事件？

マイノリティが偏見に晒され、身に覚えのないことを咎《とが》め立《だ》てされる点において、ヴェール事件とドレフュス事件は似ているのではないか。哲学者ピエール・テヴァニアン、社会運動家フーリア・ブーテルジャ（第3章2節参照）ら四人は、「新しいドレフュス事件」と題する論考を二〇〇四年に書いている（LMSI. net）。

　ドレフュス事件においては、軍部と国家を擁護するのが右、ドレフュス個人を擁護するのが左という構図になったが、ヴェール事件においては、右派の多くはヴェールの少女たちの排斥に賛成、左派とフェミニストは割れている。

ドレフュス事件の際、社会主義者ジュール・ゲードは、ブルジョワのユダヤ人は自分たちとは無関係という立場を取った。ヴェール事件でも、左派の課題は宗教の擁護ではないとの主張がしばしば聞かれる。

なぜ、「被害者」であるべき者たちが、「脅威」と見なされるのか。背景には、均質化され本質主義化された人種主義がある。ドレフュスの時代の人種差別は生物学に基づいていたが、現代の人種差別は文化に拠るもので、それは植民地主義の歴史に根ざしている。

ドレフュス事件においては「軍隊」が、ヴェール事件においては「学校」が舞台となった。いずれも国家にとって「神聖」な場所である。その場所を守るために、当の本人(たち)の声は奪われている。

ドレフュス事件がユダヤ人の「同化」の希望を打ち砕き、民族主義的なシオニズムの引き金になったように、ヴェールを排斥するならば、宗教性の濃淡に関係なく、移民に出自を持つムスリムが社会から分離していく傾向を、かえって煽り立てるのではないか。

そこで四人の著者は、自分たちは宗教の信者でも反宗教的な人間でもないが、ドレフュス派を範としてヴェールの少女たちを擁護するのは義務であると旗印を鮮明にしている。

ゾラの「ユダヤ人のために」に着想を得て『ムスリムのために』を書いたのは、『ル・モンド』元編集長でウェブニュースサイト『メディアパール』の創設者エドウィ・プレネルである。二〇一四年秋の出版で、「シャルリ・エブド事件」のあとに新版が出た。かつてのユダヤ人から現在のムスリムへ、茶番の歴史が繰り返されている。「他者を差別することの毒は、けっして止まることのない地獄の機械」であることを、私たちは経験から知っているはずだ。まだ間に合うのなら、フランスには不名誉を避けてもらいたいとプレネルは言う。

ユダヤの歴史を専門とするエステル・ベンバサも、「同じ国民の強迫観念の反復に驚かずにいられようか」と述べている(『マイノリティに向き合う共和国』)。

反復のなかの差異

では、反復のなかの差異とは何だろうか。

特に押さえておくべきポイントは、ユダヤ人とムスリムの処遇に「格差」が設けられた歴史的経緯があり、現代においては両者のあいだに緊張関係が存在する点だろう。一八七〇年のクレミューの政令は、単純化して結果から言うと、フランスの三県だった植民地アルジェリアのユダヤ人を「市民」として「解放」する一方で、ムスリムを「属人法規」にしたがう「原住民」の地位に留め置くことになった。

また、植民地主義の歴史を専門とする平野千果子が指摘するように、第二次世界大戦後のフランスは、反ユダヤ主義の過去を「反省」し「克服」すべきであると考えるようになっていくが、ムスリムに対してはこの思考のメカニズムが機能していない。「人道に対する罪」の対象はユダヤ人で、植民地におけるフランスの迫害行為は正面から検討されていない。

一九九〇年のゲソー法は、人種差別や外国人排斥と並び「反ユダヤ主義」を法的処罰の対象としているが、「イスラモフォビア」(イスラーム嫌悪)を含めていない点にも注意を向けておきたい。

イスラモフォビアという言葉は、一説によれば、一九七九年のイラン革命の際に「原理主義者」がチャドルを着用しない女性を「悪いムスリム」とする文脈で使われるようになったという。つまり、イスラームを絶対視する「原理主義者」が、この宗教を批判することを許さず、彼らから見て反抗的な態度を「イスラモフォビア」と呼んで糾弾したという説である。この説によれば、イスラモフォビアと言われて批判されたのはおもにリベラルなムスリム女性たちで、イスラモフォビアは人種差別ではないとされる。

しかし、社会学者のアブデラリ・アジャットとマルワン・モハメドは、この説には裏づけがないという。たしかに、仏語辞典『ロベール』に「イスラモフォビア」という語が登場するのは二〇〇〇年代に入ってからと新しい。だが、この語は二〇世紀初頭の西アフリカですでに用いられていた。フランス植民地帝国の民族学者が書いたものを読むと、「イスラモフォビア」とは、「西洋キリスト教文明の人びとにおけるイスラームに対する偏見」であるとすでに明確に定義されていたことがわかる(『イスラモフォビア』)。

いずれにしても、現代フランスにおいて、「反ユダヤ主義」と「イスラモフォビア」の法的扱いは異なっている。ただ、かつてのユダヤ人は差別への対抗措置として有効な法律を持っていなかったのに対し、現在のムスリムには、比較的効果的な法が整備されていると評価することもできる。

問題は、ムスリムに対する人格攻撃は人種差別や外国人排斥に相当し違法だが、イスラームという宗教に対する批判は位相を異にしていることである。神に抗して人権を勝ち取ってきたライシテの国フランスでは、宗教批判は表現の自由の範疇に属するが、人格の侮辱は法による処罰の対象となる。この区別をつけるのが難しい典型例が、ムハンマドの風刺画であろう。描く側は風刺の対象はあくまで宗教と言明することになるが、ムスリムの受け手にしてみれば、けっして納得のいく説明ではあるまい。

同じフランスの（宗教的）マイノリティとして、ユダヤ人とムスリムが協力する動きは存在する。一方で深刻なのは、西ヨーロッパ諸国最大規模のユダヤ人口とムスリム人口を抱えるフランスでは、「ディアスポラ・ナショナリズム」を通じて中東情勢が飛び火しかねないことである。フランスで疎外されているムスリムが、もともと直接的には関係ないはずのパレスティナ人にムスリムとして共感し、怒りの矛先をユダヤ人に向けることもある。

今日のフランスに暮らすユダヤ人はおよそ六〇万〜七〇万人（総人口の約一%）、ムスリムは四〇〇万〜五〇〇〇万人程度（六〜七%台）と見積もられることが多いが、ライシテの国フランスでは公式の宗教別人口統計はなく、これらの数字は推計値である。

増え続けるムスリムはすでに人口の一割を突破した、などと喧伝されることもあるが、それが社会の危機を煽るような調子をともなっていないか、慎重に検討すべき言説もある。

歴史的遡行から見えてくる型の反復

カラス事件、ドレフュス事件、スカーフ事件と系譜をたどると、「われわれ」と「他者」ひいては「内なる敵」のあいだに線を引こうとする論理が、フランスの宗教史およびライシテの歴史と無縁であるどころか、むしろ繰り返し立ち現われていることが確認できる。

もっとも、一八世紀後半のプロテスタント商人、一九世紀末の世俗的なユダヤ出自の軍人、二〇世紀末から二一世紀にかけてのヴェール姿のムスリムの少女たちを、同じ「宗教的マイノリティ」のプロフィールで括《くく》るには注意が必要である。社会のなかの「宗教」の位置や「信者」であることの意味合いが大きく異なるからである。

カトリックが国教だった旧体制下のプロテスタントは、信教の自由を享受していなかった。フランス革命によって「解放」されたユダヤ人は、公認宗教となったユダヤ教に連なる存在と見なされる一方、宗教の私事化が進む近代社会の動向に沿って、世俗化を通じての同化が促された。現代のムスリムは、世俗化がいっそう進展する一方で宗教の再公共化も生じている社会において、ナショナル・アイデンティティとして再強化されつつあるライシテによって同化と統合が促される一方、政治と宗教は分離できないと主張する宗教の信者であるとしばしば見なされる状況のもとに置かれている。

第3章

ライシテとイスラームは相容れないのか

パリ北郊クリシーの市庁舎前で金曜礼拝するムスリム
(2017年3月24日)

1　ヴェールを被る理由、被らない理由

フランスのムスリムの多様性

前章では、現代の問題意識から出発して歴史をさかのぼり、ライシテが言葉として登場する以前の時代から、カトリックとの対決を通してライシテが確立する時代を経て、カト＝ライシテがマジョリティの論理として浮上してくる時代まで、社会の宗教的マイノリティを周辺化し排斥するような力学と、そのような「われわれ」をいわば「われわれ」の側から批判する姿勢が、一貫して存在することを論じた。

現代においては、ライシテを口実としたイスラモフォビアがある一方で、硬直化したライシテを内側から批判してイスラームと両立させる模索が続いている。前章では、「われわれ」を告発する声として、おもに非ムスリムの知識人を取りあげた。本章では、「フランスのムスリム」と見なすことのできる言論人や社会活動家のテクストから、彼ら彼女らがライシテをどうとらえているのかを見ていきたい。

フランスのムスリムは多様である。信仰実践から離れているムスリムも少なくないが、信仰の潮流もさまざまだ。それはあたかも複数の色相がグラデーションをなしているパレットのようなもので、特定の色相をいつでも隣接の色相から客観的に截然《せつぜん》と区別できるとはかぎらない。類型化を意識しながら、具体的な声を拾い集めていきたい。

やはりヴェール問題を糸口にしよう。前章でも指摘したように、社会の白熱した論争はムスリム女性当人の証言をしばしば置き去りにしている。彼女たちの発言に耳を傾けてみよう。

当事者の証言

『一人の女性はヴェールを被り、もう一人は被らない』(二〇〇三年)と題された対談本がある。著者はサイーダ・カダとドゥニア・ブザールの二人。ともにフランス人のムスリム女性で、表題が示唆するようにヴェールについての見解は異なるが、フランスにおけるムスリム女性の境遇を改善することを目指して活動している点は共通である。

サイーダ・カダは、アルジェリア出身の労働者であるムスリム家庭のもと、一九七四年にリヨン近郊で生まれた。フランス生まれのフランス育ちで、両親からイスラームを受け継ぐも、イスラームの名において押しつけられた女性のイメージは受け入れがたかったという。共和国

サイーダ・カダ(ヴェール着用)とドゥニア・ブザール(ヴェールなし)
『一人の女性はヴェールを被り，もう一人は被らない』原書の書影

の学校で哲学を学ぶうちに、自分の思想的基盤を確かめようと、内側からイスラームを再発見し、より自覚的なムスリムになった経緯の持ち主である。ヴェールを被りつつ、自分は何よりもフランス市民であると訴え、ムスリム女性のイメージを変える闘いに取り組む。イスラームの伝統主義にも、ライシテ教条主義にも反対という立場である。

一方、ドゥニア・ブザールの両親は大学教員で、父親はアルジェリアとイタリアとモロッコにルーツを持つが、母親はコルシカ系で、自分がムスリムであるとは必ずしも意識することなく成長したという。イスラームという宗教と縁ができたのは、チュニジア人と結婚してからのこと。暴力を振るう夫で、果たしてイスラームはそのようなことを認める宗教なのかと勉強するなかで、ムスリムの自覚を深めた。当初の予想に反し、イスラームは女性に関して進歩的な面も持つ宗教だと理解できたが、ヴェールで自分を隠すのが義務であるとは、各人に責任を持たせるこの宗教の教えに照らして受け入れがたいという。

ヴェールを被るムスリム女性のなかには、着用が宗教的義務であると考えている者も少なくない。ブザールは、聖典解釈がもっぱら男性によってなされてきたことに注意を促しつつ、ヴェール着用を義務であると説く神学者の議論に異を唱えている。一方、カダはフランス社会にとって本質的な問いは、ヴェール着用は宗教的義務か否かという神学的なものではなく、ヴェールを着用する必要を感じている女性がそれを自由にできるか否かにかかっていると指摘する。ここには、各人の信仰の領域については、社会はそれに関与すべきではないという政治的リベラリズムの要諦が垣間見える。

ドゥニア・ブザールは、人が望もうと望むまいと、ヴェールはすでにフランスでは人目に付き、ライシテの原則に抵触すると受け止められているのが実情と指摘する。そこで彼女としては、スカーフを着用せずとも、ゆったりとした服装をしていれば、ムスリム女性としての倫理にもかなうし、また非ムスリムとも近しい関係を築くことができると考える。自分自身を自分の宗教とも社会に暮らす他者とも適切な関係に置くことが必要で、スカーフを被ると自分をまずムスリムとして定義するメッセージを発してしまい、非ムスリムとのあいだに距離ができて分離の壁を作ってしまうという。

ヴェールを強いられているのは男性？

これに対し、サイーダ・カダは、スカーフは非ムスリムとのあいだに分断ではなく絆をもたらすと主張する。人間関係とはお互いの考えを交換することに基づいている。自分にとってスカーフは内面の延長で、自分を語ることに向けての跳躍台である。実り豊かな相互理解のためには、各人が等身大で受け入れられることが必要だが、自分としてはスカーフを外せば、自分ではないところの者になってしまう。相手とのあいだに分離の壁を作ってしまうのはスカーフではなく、スカーフについての固定的な考え方である。むしろスカーフがあってこそ、より深い人間関係を築くことができる。

カダは続ける。たしかにスカーフは可視的かもしれないが、当人は可視的であることを狙って着用しているわけではない。国務院の一九八九年の見解も、可視性自体はライシテの原則を損ねるものではないというものだった。しかるになぜ、ライシテは良心の自由は認めるが、所属の誇示は認めないという議論が説得力を持ってしまうのか。何をもってスカーフが他の宗教的標章以上に誇示的だと言えるのか。なぜスカーフを着用するとまずもってムスリムとして自己定義していると見なされてしまうのか。自分としてはまずもってフランス人女性として認めてもらいたいのに。

さらに、スカーフはもともと女性のために考案されたものであり、女性の自由を奪ったり性を規制したりするものではなかったとカダは主張する。『コーラン』第三三章五九節には、「預言者よ、汝の妻、娘および信者たちの妻に、「外衣でからだを隠せ」と言え。それこそ彼女たちが知ってもらえる最短の方法であり、苦しめられることもない」とある（中公クラシックス訳による）。カダによれば、イスラームの教えが広まる前は、女性が襲われることも珍しくはなかった。イスラームが革命的なのは、当時のアラブ社会にあって、女性の権利と平等の観念が少なくとも相対的に認められる点においてである。ヴェールの着用が女性の身の安全を守るということは、ヴェールは男性が女性を尊重する機能と効果を持っていたと言える。このような見地に立つならば、「スカーフは男性に強いられたもの」であったと考えることができる。

これに対し、ドゥニア・ブザールは、今日スカーフを着用すれば、男女はけっして平等ではないことを意味することになってしまうと反論している。

ヴェールは非ムスリムとの意思疎通を妨げるどころか、むしろ深い部分での交流を可能にし、またヴェールを強いられたのは女性ではなく男性であったというサイーダ・カダの命題は、現代フランスにおいて一般に流通しているヴェール理解を一八〇度ひっくり返したものである。ここにはヴェールの意味を組み替えようとする問題意識が現われている。

解放をもたらす普遍宗教としてのイスラーム

ヴェールを着用するか否かの違いを超えて、サイーダ・カダとドゥニア・ブザールはイスラームが抑圧ではなく解放をもたらしうる宗教であることについて一致している。

対談本のなかでは、あるムスリム女性のエピソードが紹介されている。彼女の家では圧倒的に男性が優位で、母親の存在は影よりも薄かった。彼女は一六歳のときにイスラームに出会ったという。それは父親から聞かされてきたイスラームではなかった。従姉妹が教えてくれた団体では、ムスリム女性が長く勉学を続け、社会のなかでしかるべき役割を果たすことは権利であることを超えて義務であると説かれていた。ムスリム女性は、相手がいつからムスリムであるかに関係なく、好きになった男性を選ぶことができる、また父親は息子と娘を差別してはならないとも説かれていた。

ドゥニア・ブザールによれば、フランス社会において周辺化されているイスラーム系移民の家庭では、しばしば出身国の伝統なるものが幅を利かせ、若者たちを縛りつけているという。一方、社会の側も若者たちに、フランスに同化していることの印をたえず求めてくる。このような状況において、普遍宗教としてのイスラームを発見し、世界中のムスリム信者の共同体であるウンマに属することによって、イスラームをアルジェリアやモロッコなど出身国の文脈から切り離し、フランスに係留点を見出そうとする動向が見られる。若いムスリム女性に対して抑圧的に機能する家庭内の文化や伝統を当人がフランスの論理で批判することは、西洋かぶれの不信心者と見なされるおそれがあるが、普遍宗教としてのイスラームに依拠することで、個別的な文化や伝統を超えていくことができる。

ここで興味深いのは、イスラームの普遍主義とライシテの普遍主義が共鳴し合っているように見えることである。フランスのムスリムの若者たちに、イスラームという普遍宗教に依拠しながらエスニックな個別性を超越していこうとする姿勢が見られるのは、共和国の普遍主義の論理に反してではなく、逆にその影響を受けつつであると思われる。

ただし、ここでの問題は、むしろ共和国のライシテの側が、宗教としてのイスラームに見られる普遍主義を、解放の論理として理解することができているかである。エスニックな個別性と結びついたイスラームと普遍性の射程を持つイスラームの区別がつかず、どちらも共和国のライシテとは相容れない共同体主義と見なされがちなのではあるまいか。

サイーダ・カダは、家庭において両親に対峙する若いムスリム女性を理解し支持する人はいないのが実情だと指摘している。

フランスのムスリム女性は、男性優位の規範が支配的であるなかで、自分の居場所を見つけようとしているとカダは言う。その課題は、ヴェールを着用する女性にも、しない女性にも当てはまる。そのため自分は、ヴェールを被らない女性のためにも、ヴェールを被っていると述べている。

ヴェールを着用するムスリム女性として、サイーダ・カダは雄弁だが、ヴェール姿の女性がフランスの公論において堂々と持論を展開する場面はむしろ珍しい。それは発言の機会があまり与えられないからでもあるが、ヴェールを被る女性は、語りたい気持ちと、それに対する抑制のあいだで、しばしば引き裂かれているようである。彼女らの証言を集めた『ヴェールを被った少女たちは語る』(二〇〇八年)の編者は、語ってもどうせ理解されないのではないか、語ることによってむしろ自分がいっそう窮地に立たされるのではないかという恐怖があることを指摘している。それでも声をあげなければ、状況はもっと悪化するかもしれない。彼女たちは、語るリスクと語らないリスクを天秤にかけているという。

抑圧的なイスラームを生きて

一方、ムスリム女性として、ヴェール着用に断固たる反対の姿勢を示すことも勇気の要ることであろう。イスラームを男性中心主義的で抑圧的な宗教であると厳しく告発するならば、一部の反感を招いて自分の身を危うくすることにもなりかねないからである。

『ヴェールを捨てろ!』(二〇〇三年)の著者、シャードルト・ジャヴァンは一九六七年イラン生まれ。一九七九年のイラン革命を受けてイスラームが社会に大きな地歩を占めるようになり、「ヴェールか死か」の選択を迫られたという。「一三歳から二三歳まで、私はムスリム女性として、従属の女であることを余儀なくされ、ヴェールの暗闇に幽閉された」。

彼女にとってヴェールは、ただの宗教的標章ではない。キリスト教の十字架ならば、男も女も身につけることができる。しかし、ヴェールは女性を男性の性的対象とし、女性の活動範囲をかぎるもので、女性抑圧の象徴以外の何物でもない。それによって女性も男性も不幸になる。

シャードルト・ジャヴァン

イランを逃れ、トルコを経由し、二五歳でフランスにたどり着いた彼女は、その時点で一言もフランス語が話せなかったという。そこから必死で言葉を勉強し、作家にまでなった経歴の持ち主である。

たしかに彼女を「フランスのムスリム」と言うこと

ができるかどうかは、微妙なところがある。出自はイランであり、宗教としてのイスラームは歯に衣着せぬ批判の対象であって、信仰心の篤い実践者ではないからである。ただ、彼女はすでにフランス国籍を取得したフランス人である。また、当人にはあまり嬉しくないことだとしても、周囲からはムスリムと見なされうる存在で、イスラームのもとで教育を受けた過去も残っている。

「イスラームにせよカトリックにせよユダヤ教にせよ、その宗教を信じることとは何か、もはやそれを信じなくなることとは何かを理解するには、信仰を内側から生き、宗教教育を受けた経験がなければならない。私には、イスラームの全体主義と宗教的野蛮をあらゆる側面において生きた経験がある。フランスに到着したとき、私は同じ惑星の上にいるとは思えなかった」(『ヴェールを捨てろ!』)。

抑圧的なイスラーム主義体制下に置かれたイランと、自分に自由と解放をもたらしてくれたフランス。亡命者であるシャードルト・ジャヴァンにとって、二つの社会の対照は際立っている。どちらがよりよい社会であるかはあまりにも自明である。

対極的なライシテとイスラーム

ジャヴァンにとっての課題は、ライシテとイスラームを両立させるというより、むしろライシテをイスラームから防衛することである。彼女に言わせれば、ライシテとはまさに公的な国家と私的な宗教の分離であって、宗教に「ライック」というライシテの形容詞を冠することは語義矛盾である。たしかにフランスでは、カトリックまたはプロテスタントとしてライシテの理念に賛同することができるが、それは長い歴史的経緯の末においてのことである。公的領域と私的領域を峻別するライシテの考え方は、イスラームの対極にある。

「私は、ムスリム知識人の大部分が、「ライシテ」という言葉の意味と含意を本当には理解しなかった、または理解したくなかったのではと思っている。これは格別驚くべきことではない。なぜなら、「ライシテ」という語の場所は、イスラーム世界の思考にも言葉にもないからだ。そこでは、イスラームの教義が各人の日常生活の細部まで支配しなければならないとされている。「ライシテ」に相当する語は、アラビア語やペルシア語にはない。これらの言語では、ライシテは考えられてこなかったからだ」(同前)。

いわゆるムスリム知識人は、イスラームや預言者の名誉が傷つけられたとされる場合には義憤に駆られて聖性を守ろうとするが、イスラーム世界における不当な逮捕や抑圧、暴力や貧困、女性や子どもの権利の不在などに対しては立ちあがろうとしないとジャヴァンは告発する。西洋のデモクラシーにも不十分なところはあるが、それでも既存のシステムとしては最良のものだと彼女は言う。ライシテとは、「あらゆる市民が、信仰や出自や社会的条件や性別がどうであろうと、共和国の法の前では平等だということ」である。共和国の法が宗教の法に優先し、宗教の教義が表明されてはならない場所が必要である。

抑圧的なイスラームが支配する体制のもとを生きてきたというジャヴァンにとって、このように理解されたライシテの理念は切実である。それはひとつの救済として機能してさえいる。ただ、一歩距離を置いて眺めるならば、多義的であるはずのヴェール、多面的であるはずのライシテとイスラームについての理解が、彼女においてはともすると一義的で一面的である。イランの文脈におけるヴェールとフランスの文脈におけるスカーフが混同されている印象も否めない。それでもジャヴァンに言わせれば、人権とりわけ女性と子どもを保護する観点から、ヴェールの着用はぜひとも禁止しなければならない。

フランスの同化主義への過剰適応?

『どうしたらフランス人になることができるのか』(二〇〇六年)は、イランを逃れてフランスにやってきたロクサーヌという若い女性を主人公とするシャードルト・ジャヴァンの自伝的小説である。『モンテスキューの孤独』の邦題で日本語にも訳されている。

原作のタイトルは、モンテスキュー『ペルシア人の手紙』のなかの一文「どうしたらペルシア人になることができるのか」のもじりである。そもそもロクサーヌという名前の女性は、ペルシア人の視点を借りてフランスと東洋《オリエント》を風刺したこのモンテスキューの作品に登場する架空上の人物である。ジャヴァンの小説の筋と設定は、主人公ロクサーヌが、西暦二〇〇〇年のパリでフランス語を学ぶうちにこの作品を知り、彼女の目に映るパリの様子とイランの状況をモンテスキューに報告する手紙を書くというものである。

ジャヴァンの分身であるロクサーヌにとって、パリは子どもの頃からの憧れだった。イランから見ると、「パリはいつも何世紀も先にある世界のようだった」。そして現実のパリは、夢想をはるかに超えていた。若い女性が一人でカフェテラスに座り赤ワインを飲むことができるなど、イランではとても考えられない。

最初の熱狂が過ぎると、言語を習得する困難な壁が立ちはだかった。「二十五歳で習う言語で自分を作り変える」企ては困難を極めた。それでもロクサーヌは「フランス語を通して別の女になりたかった」。「言葉を通じてフランス人になろうとした」のである。

やがて、ソルボンヌのフランス文明講座でモンテスキューの『ペルシア人の手紙』を知ったロクサーヌは、モンテスキューに向けて手紙を書く。「三世紀を経て、あなたの想像上の人物、ロクサーヌから便りを受け取るとはあなたもさぞかし驚かれることでしょう。〔……〕あなたは手紙の中で、私のことを実にうまく想像し、創造なさっているので、こんどは私のほうがあなたを想像する気持ちになったのです」(『モンテスキューの孤独』)。

ジャヴァンの小説の主人公は、「今日のイランはあなたの時代のフランスと比べても遅れています」とモンテスキューに書き送っている。「ムスリムの国々では女性が不幸な条件の下に置かれていて、そこから男性が引き出せる慰めほど情けないものはありません」。「一神教の教義と専制政治の弊害を批判された際の、あなたの持たれた精神の自由を私も模範にしたいと強く願っています」(同前)。

できることならばフランス人になりたいロクサーヌ。しかしフランス人になりおおせることは容易ではない。フランス語が上達しても、アクセントから外国出自であることが周囲にはわかってしまう。そして、フランスでの孤独な生活のうちに、過去の忌まわしい記憶がよみがえり、自分の存在を侵食してくるようになる。自分は他のイラン人には似たくないと念じている彼女だが、イランでの長年の生活が自分の内部に否応なく影を落としていることを、無念とともに見出すことにもなる。

かつてフランツ・ファノンは『黒い皮膚・白い仮面』において、植民地エリートが宗主国で教育を受けて帰国すると、しばしば現地人を見下す態度を取ると指摘した。ロクサーヌが示す「症例」は、ポスト植民地主義の時代において、外国からフランスにやってきた移民が、移民出自は消えないままフランスの同化主義を内面化し、それが反転して同国出身者との差異を際立たせようとする心的機構を示しているように思われる。

ロクサーヌは、フランスもさまざまな問題を抱え、排除を生み出す社会であることを承知している。それでも、「宗教に逃げ道」を求める「郊外の若者たち」は「不幸な連中」だとモンテスキューに報告する。彼らは「宗教的な体制がどんなものか少しも知らないのです。もし知っていたら、この社会の厳しい排斥から脱出するためにこの社会とは縁を切るのだ、というような無分別な自分たちの主張に顔を赤めるでしょう」(同前)。

シャードルト・ジャヴァンは、フランス共和国の理念にいわば過剰適応しているように見受けられる。彼女は、宗教批判は人種差別に該当せず、人種差別を法で罰する法治国家フランスに二級市民は存在しないと発言している。これは、人権の国フランスでは宗教批判は自由であり、市民は平等で差別されないという建前の力強い肯定である。ジャヴァンにおいては、共和国原理としてのライシテは抑圧的なイスラームからの救いとして機能していると言えよう。

2　フェミニズムとポストコロニアリズム

「売女でもなく、忍従の女でもなく」

シャードルト・ジャヴァンがイスラームとライシテの基本的発想はそもそも相性が悪いと考えているならば、社会運動「売女でもなく、忍従の女でもなく」を率いたファドゥラ・アマラは、ムスリムとしての宗教的実践とライシテを両立させている。郊外における家父長的な「イスラーム主義」と戦い、女性が置かれた状況の改善を目指して一世を風靡したこの運動は、共和国とイスラームの有効な共生モデルを提示していると言えるだろうか。

ファドゥラ・アマラは一九六四年、フランス中部のクレルモン＝フェランに生まれた。両親はともにアルジェリア出身で、父親は最後までフランス語がうまく喋れず、文盲だったという。彼女が育ったクレルモン＝フェラン郊外の地区は、住民のほとんどがアラブ人だった。彼女にイスラームを教えたのは母親だった。厳格な父親の躾《しつけ》は息子と娘を画然と分けるもので、男子に許された行動の自由が、女子には皆無だったという。

家庭での教育と共和国の学校での教育は大きく異なるものだった。学校では、自由・平等・

博愛の共和国を愛することを学んだという。一方、社会からは、よそ者扱いの眼差しを注がれ、警官がアラブ人を邪険に扱うのを何度も目にした。

アマラは一九八三年の「ブールの行進」に参加した。「ブール」は「アラブ」の逆さ言葉で、フランス生まれのアラブ系二世のこと。彼ら彼女らが受けている差別を告発し、社会への統合を求めてマルセイユからパリまで歩いたこの行進は大きな反響を呼び、翌年には社会党系の反人種差別団体「SOSラシスム」が設立された。これに加わったアマラは、郊外のイメージと現実を変えるための社会活動に取り組んでいくことになる。

ファドゥラ・アマラ

「売女でもなく、忍従の女でもなく」(Ni putes ni soumises)は、二〇〇二年に書かれたマニフェストの表題で、これがそのまま翌年結成の団体名になった。郊外では一九九〇年代以降、「イスラーム原理主義」が台頭してきたとアマラは言う。ムスリム同胞団(後出)の影響を受けた「地下倉のイマームたち」は、ムスリムをフランス社会から切り離す政治的野望を持ち、男性優位の説教を繰り返している。ムスリム女性は、ヴェールを被らなければ郊外の男性から「売女」と指弾され、ヴェールを被ればフランス社会から「忍従の女」と見なされる。「売女でもなく、忍従の女でもなく」は、ヴェールの有無にかかわらず、信仰実践の有無にかかわらず、郊外の女性の自由と地位向上を目指して結成されたフェミニズム運動である。

アマラ自身は、信仰を持ちモスクに通う熱心な信者を自任するムスリムだが、ヴェールは被らない。彼女にとって、ヴェールは「女性に対する男性の権力装置」であり、この「抑圧と疎外と差別の道具」を身につけなくても、よきムスリム女性であることができる。一方、彼女はライシテを、共和国の価値を尊重しつつ一定の範囲内で宗教を実践する自由ととらえている。

『フランスのムスリム』の著者シャリフ・ジェミーは、フランスの社会統合を特徴づける同化主義の論理が、シャードルト・ジャヴァンにおいては「解放」として機能しているのに対し、ファドゥラ・アマラにとっては「社会改革」を目指す運動の動機づけになっていると論じている。フランス共和国の理念に賛同し、その価値に依拠しながら現実がそれに見合っていないことを批判し、現状を打開するよう訴えるのがアマラの姿勢である。

「体制側」に取り込まれた社会運動?

メディアは一般に「売女でもなく、忍従の女でもなく」を好意的に報じた。アマラは郊外のムスリムの代弁者として登場してきたが、共和国の理念を否定することも、ヴェール着用の権利を擁護することもなかった。イスラーム主義の台頭を「緑色のファシズム」と告発し、ヴェールに否定的な立場から、ライシテとイスラームの調和を説いた。

もっとも、アマラは二〇〇三年の段階では、共和国の学校でのヴェールを禁じる新たな立法措置は不要と述べていた。法律で禁止すれば、ムスリムはフランス社会から拒絶されていると感じてしまう。だが、ひとたび立法化の方針が固まると、アマラはそれに賛同した。二〇〇四年には、「法律は必要でもっと早くから待ち望まれていた」と述べている。

「ブールの行進」から二〇年、二〇〇三年に結成された「売女でもなく、忍従の女でもなく」の最初のデモ行進には、ヴェールを着用した女性も加わった。だが、ヴェール禁止法施行以降、彼女たちはもはや歓迎されない存在になっていった。

シャリフ・ジェミーは、アマラの言動の曖昧さや矛盾や逆説を指摘している。まず、アマラの告発する「イスラーム主義」が具体的にはどのような組織なのか、かなり漠然としている。「イスラーム」と「イスラーム主義」の区別は必ずしも容易ではないが、どちらにしても宗教は郊外の性暴力とは関係ないのではないか。アマラの議論には、治安や文化の観点からの臆測に基づくものが多く、経済や社会の観点からの分析に欠けるところがある。

また、アマラは郊外の代弁者として振る舞っているが、郊外に否定的で、共和国の学校を通じてそこを抜け出すことが解決策になっている。たしかに、それは一部の才能に恵まれた者にとっては可能だろう。しかし、それで郊外の問題は解決されるだろうか。

そして、社会運動としての「売女でもなく、忍従の女でもなく」は、メディア受けがよく、政治的にも活用され、ひとつの目覚ましい成功を収めたが、それと引き換えに方向性を見失うことにもなった。この運動はもともと社会党と連携しており、アマラには党内のヴェール反対派として知られるローラン・ファビウスとのパイプがあった。彼女がヴェール禁止法賛成に転じたのは、社会党の圧力があったからとも言われている。

さらに、二〇〇七年に右派のサルコジが大統領になると、アマラは都市政策担当大臣のポストを打診され、これを受け入れた。サルコジ政権にとっては、移民に出自を持つムスリムを登用することは、イスラームに開かれたライシテを演出する好機となる。アマラは信仰実践するムスリムとしてライシテを支持し、ブルカに反対していくことになる。

ファドゥラ・アマラは、共和国の理念と現実の大きな乖離を認識し、理念に依拠して現状を告発する。批判の矛先は、共和国に対してではなく、郊外の「イスラーム主義」に向かい、それがライシテとイスラームの信仰を調和させる言説を支えている。このモデルでは郊外のイスラームの問題は残り続けることになる。政治の側から回収されて、変質してしまった面も否めない。

「共和国の原住民」

『フランスのムスリム』の著者シャリフ・ジェミーは、ここまで順に言及してきたシャードルト・ジャヴァンともファドゥラ・アマラとも異なる類型のムスリム女性として、フーリア・ブーテルジャを取りあげている。本書でも、ヴェール事件を「新しいドレフュス事件」と評した論考の執筆者のひとりとして、すでに一度名前を出している(第2章5節参照)。

フーリア・ブーテルジャ

フーリア・ブーテルジャは、一九七四年にアルジェリアに生まれ、リヨンで教育を受けた。アルジェリアとフランスの二つの文化のはざまで育ち、親の世代から宗教は受け継いでいない。彼女をムスリムたらしめているのは、宗教としてのイスラームを信仰実践していることからではなく、出自や社会的視線などから構成される自己意識によるものと見てよい。

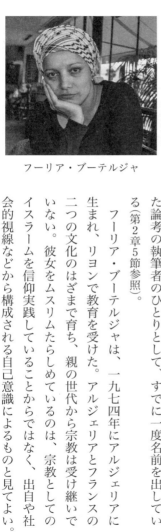

その意味で、世俗的なムスリム(あるいはライシテの文化に馴染んだ「ライックなムスリム」)と言えるかもしれない。

二〇〇三年から翌年にかけてのヴェール論争では、ヴェール禁止法に反対の立場を鮮明にした。信仰の観点からスカーフ着用を擁護したのではなく、立法化はムスリムを「同化不可能」と決めつける「文化的な人種差別」だと考えたからである。彼女自身が人前に現われるときは、スカーフを被ることも、被らないこともある。

イスラームの熱心な信者を自任するファドゥラ・アマラが、ヴェールは女性抑圧の象徴だからとヴェール禁止法に賛同したのに対し、同法制定に反対したフーリア・ブーテルジャが、宗教的実践からは遠いことに注意を促しておきたい。

ブーテルジャから見ると、アマラの主宰する社会運動「売女でもなく、忍従の女でもなく」は社会党の道具であり、フェミニズムの立場から郊外の性暴力を告発して体制側になびき、郊外の問題を置き去りにしている。ブーテルジャは、フランスにおいて支配的な男女平等の理念にイスラームやアラブの文化を低く評価する傾向があることに敏感で、フェミニズムというアリバイに批判的である。彼女は、郊外の問題はフランスの植民地主義の過去に由来すると考えており、ポスト植民地主義《コロニアリズム》あるいは新植民地主義《ネオコロニアリズム》批判の立場から、ムスリムの置かれている状況に目を向けるよう訴えている。

ファドゥラ・アマラが、シャードルト・ジャヴァンと同様にフランス共和国の同化主義の論理に寄り添っているとするならば、フーリア・ブーテルジャは同化主義の虚偽を暴き、反体制派の姿勢を貫いている。

二〇〇五年、ブーテルジャは声明文「私たちは共和国の原住民」を共同執筆し、社会運動「共和国の原住民」を立ちあげた。「原住民」とは、植民地帝国時代のフランスが入植先で支配下に置いた人びとを指した言葉で、ムスリムと大きく重なる（第2章4節参照）。

声明文は、植民地出身の移民は就職や住居や教育などで差別されていると指摘する。郊外は「無法地帯＝権利なき場所」として共和国による再征服の対象となり、住人は「原住民」化されている。「アフリカ、マグレブ、またはイスラームに出自を持つ人びと」は、定義の不明確な「原理主義者」扱いされ、「ライシテや市民権やフェミニズム」の観点から攻撃されている。「植民地のイデオロギーは存続している」。「平等の共和国は神話である」。

人種差別がないとされるフランス共和国に、実は体系的な人種差別があるとタブーに切り込んだこの声明文は、物議を醸して激しい反論にも晒された。共和国の欺瞞を告発するブーテルジャの議論の調子もしばしば激烈で、混乱や矛盾や逆説とも無縁ではない。

反体制的なサブカテゴリーを作る難しさ

ここでは激しい議論の応酬には立ち入らず、ブーテルジャが「原住民」という言葉で「私たち」というまとまりを作り、共和国のイデオロギーに対峙する含意を押さえたい。彼女が「原住民」という蔑称をあえて引き受けているのは、普遍主義的な共和国が差別的で抑圧的であることを告発し、返す刀で否定的なスティグマを積極的なアイデンティティに価値転換するためと言える。

ところで、「原住民」たる「私たち」とは誰のことなのだろうか。二〇〇五年の声明文では、「アフリカの奴隷や強制連行された者の子孫」、「植民地で支配された者や移民の娘と息子」、フランス人であるなしにかかわらず、「ポスト植民地主義の共和国によって生み出された抑圧や差別と戦う闘士」が「私たち」とされている。

だが、これらのカテゴリーに属す者がみな「私たち」に加わるわけではない（ジャヴァンやアマラがいい例だろう）。また、共和国の内部に「私たち」を作る戦略は、フランスでは普遍主義に背を向ける「共同体主義」と危険視され、差別是正のための異議申し立てとしては必ずしも有効に機能しない構造のもとに置かれている。

この「原住民」と「ムスリム」はどういう関係なのだろうか。ブーテルジャは二〇〇六年のあるインタビューでは、「私たち」を括るカテゴリーとして「ムスリム」は、全員がムスリムとはかぎらないから不十分と答えている(『フランスのムスリム』一三七頁に引用)。だが、二〇一六年の著作では、「原住民」が「ムスリム」にすり替わるくだりも見られる。そして、「私たち」＝「ムスリムのフランス人」が「あなたたち」＝「白人のフランス人」に対置される。「フランス革命はあらゆる超越性を一掃し、ライシテは集合的な不敬虔と同義になった〔……〕。だから、白人のフランス人がムスリムのフランス人と出会うと、友または敵に出会うというより、ひとつの謎に出会うのである。一日五回、品位を損ねる格好で地面にぬかずくことに没頭し、ときには猛暑のなか一カ月断食し、身体と髪を淫らな眼差しから隠し、なけなしの寄付金を何カ月、何年と貯めて街にモスクを建て、そこで子どもを育てるこの人間は何者なのか」(『白人、ユダヤ人、そして私たち』)。

彼女にとっては、「原住民」や「ムスリム」の学術的に厳密な定義よりも、フランスに虐げられてきた者がいると訴えるほうが重要なのだろう。ただ、ライシテの共和国の人種差別を告発しようと躍起になるあまり、彼女自身が人種主義の論理に囚われて「白人」と「ムスリム」を本質主義的に対置する図式を採用し固定化しているようにも見受けられる。

ブーテルジャにとって、「白人」と「ムスリム」は理解しあえないのだろうか。ライシテとイスラームはどこまでも異質なのだろうか。先述のように、彼女自身に信仰者の要素は薄いという意味ではライックなムスリムと言えるだろうが、イスラモフォビアの隠れ蓑であるようなライシテに対しては、イスラームの側を擁護する旗印を鮮明にして闘う立場にある。

ただ、彼女は共和国の自由・平等・博愛の理念が空手形であることを批判しているのであって、反体制派ではあっても共和主義を全面否定しているわけではない。彼女が目指しているのは、共和国が植民地主義の過去と現在を反省し、「ムスリム」や「原住民」が平等な市民として承認されることであって、暴力に訴えて社会を転覆することではない。

ただ、その越えてはいけない一線の存在を、垣間見させることにもなっているのではないだろうか。判定は難しく、ここは慎重な言い回しを選ばざるをえない。少なくとも言えるのは、フランスの「人種差別」を徹底的に告発するブーテルジャの言動にも、やはり共和国の理念が作用しているだろうということである。

3 「原理主義」と括られる潮流

原理主義、イスラーム主義

ここまで、フランスのイスラームのなかでも、共和主義と相性のよいフェミニズム、緊張関係を結ぶポスト植民地主義の例を見てきた。さらに緊張関係がこじれ、敵対関係や暴力行為にまで至りかねない「原理主義」についても、ここで触れておきたい。

もっとも、このカテゴリーの取り扱いは難しい。たしかに、テロが頻発する現代フランスにあって、治安の観点から「穏健なイスラーム」と「過激なイスラーム」を見分け、対策を講じることは死活的に重要な課題である。だが、いつでも両者のあいだに明確な線を引くことができるわけではないし、当局側の分け方はムスリム当人の意識とは往々にして食い違う。グレーゾーンや危険域の範囲は論者の視点によって変化するし、同じ団体や思想潮流でも幅や時期による変遷がある。

ここでは、「イスラーム原理主義」という呼称の問題を糸口に、この範疇に括られる潮流とフランス社会およびライシテとの関係を類型的に整理しておこう。

フランス語で一般に「原理主義」(intégrisme, fondamentalisme)に相当する語は二つある。ひとつは、一九〇〇年前後のフランスにおいて、共和派の反教権主義が高まるとともに、カトリック世界においても「近代主義」(モデルニスム)の潮流が出てきたことに対し、それらを糾弾し伝統的なカトリックのあり方を保守する文脈から出てきた「アンテグラリスム」という言葉が、蔑称としての他称「アンテグリスム」に転じたものである。もうひとつは、二〇世紀初頭のアメリカのプロテスタント保守派が起こした「ファンダメンタリズム」に由来するもので、これも蔑称的な他称として用いられるようになる。

人類学者の大塚和夫は、「イスラーム原理主義」という言葉は、一九八〇年代頃からメディアなどで使われるようになったが、もともとキリスト教の一潮流を指す言葉であるうえ、「武装過激派」「頑迷固陋な保守派」といった否定的なラベルで多様な活動や現象を見えなくすると問題点を指摘する。そして、近代以降における広範な「イスラーム復興」現象のうち、シャリーア(イスラーム法)に基づく国家建設を目指す政治イデオロギーや運動を「イスラーム主義」と呼ぶことを提唱している(『イスラーム主義とは何か』)。

フランスでも、このような政治的志向を持つイスラームの潮流は「イスラーム主義」と呼ばれている。そして、政教分離を前提とするライシテとは相容れないものと受け止められがちである。ライシテの枠組みに沿った「イスラーム」は受け入れられるが、ライシテと齟齬《そご》をきたす「イスラーム主義」は受け入れられないという議論である。

イスラーム研究者の小杉泰は、「イスラーム」と「イスラーム主義」を区別すべきという議論は、「欧米の見解としては穏当」としながら、「イスラーム主義」は「欧米の関心事にそってイスラーム復興を切り取るフレーミング」であり、しかもそれを問題視する姿勢は「現実を見る目を曇らせる」と指摘している（『９・11以後のイスラーム政治』）。

ここには、政治と宗教は分離できるという前提を持ち込むと、イスラーム（復興）の射程をとらえ損ねるおそれがあることが示唆されていよう。また、「イスラーム」と「イスラーム主義」を区別する議論には、後者の出現と台頭さらには「逸脱」とされるものの大きな原因が、欧米側にもあることについての自覚が欠けがちだとの批判も込められていよう。

いずれにしても、イスラーム復興やイスラーム主義という現象は、西洋的な近代化に対する反応として、正統性の源泉たる宗教への回帰のみならず、近代的な改革運動の面も併せ持つことを視野に収めておく必要があるだろう。欧米から見れば、「原理主義」や「イスラーム主義」は「危険」と映るかもしれないが、そのような潮流に属すと見なされるムスリムにしてみれば、問題含みの近現代をイスラームに即して生きているのであって、それを危険視されるのは筋違いという認識のギャップが存在する構図である。

一九九〇年代以降のフランスにおいて、「原理主義」「イスラーム主義」として警戒されてきた代表格にムスリム同胞団系の組織がある。

ムスリム同胞団は一九二八年にエジプトで設立された政治組織で、アラブ諸国をはじめ国際的なネットワークを持つ。設立者ハサン・バンナーのイスラーム主義は、強い政治志向を持つ一方で、ジハードは第一義的な関心ではなかったが、後継者のサイード・クトゥブは激しい弾圧のもとで急進化し、ジハード主義的な思想を唱えた。その後、同胞団とエジプト政権の関係は修復されたが、巨大組織としてのムスリム同胞団およびその分派は穏健化と過激化の両方のベクトルを持つ。

フランスでは、一九八三年に同胞団系の「フランス・イスラーム組織連合」(UOIF)が設立され、郊外のムスリムの代表をもって任じてきた(二〇一七年に「フランスのムスリム」と改称)。ムスリム同胞団の影響を受けたイマームの説教は、ムスリムをフランス社会から切断する政治的野望を持ち、郊外の女性を取り巻く環境が悪化していると「売女でもなく、忍従の女でもなく」のファドゥラ・アマラが告発したことは先述の通りである。アマラの主張には、同胞団の目指すイスラームのあり方とライシテの価値観が相容れないことが示唆されていよう。

ところで、二〇〇三年にサルコジ内務大臣は、イスラームの代表機関CFCMを設立するに際して、「原理主義」的とされてきたこのUOIFを内部に組み入れた。同胞団系の組織が代表機関の内側に位置づけられたことは、穏健化の象徴でもある。論争的であるがゆえに社会との接点を持ち、確執を抱えつつライシテ体制に馴染んできたとも評価できよう。

サラフィー主義、ジハード主義

これによって同胞団系の思想や団体から過激化が生じる事例や疑念が払拭されたわけではないが、二〇〇〇年代半ば頃からのフランスでは「サラフィー主義」が「原理主義」として危険視されることが多くなってきた。イスラーム初期世代を意味する「サラフ」への回帰を志向するこのスンナ派の潮流は、「イスラーム主義」のカテゴリーに包摂されることもあるが、「イスラーム主義」が近代的で改革的な側面と政治志向の強さによって特徴づけられるとすれば、「サラフィー主義」はサラフの時代の純粋性を重んじ基本的には非暴力的で政治志向は弱いとされる。同胞団系のUOIFがムスリムかつ市民であることを求めてフランス社会に向かって異議を申し立ててきたとするならば、サラフィー主義者はフランス社会に背を向けて伝統に閉じこもろうとする。共和国の理念を共有することのない共同体主義的な引きこもりとして非常に警戒されるが、純粋に宗教性を追求する没政治的で平和志向のサラフィー主義者は、政治と宗教の領域を峻別するライシテの枠組みに逆説的にも沿っていると指摘する研究者もいる（モハメド＝アリ・アドラウィ『フランスにおいてサラフィー主義者であること』）。

ただ、基本的には平和的とされるサラフィー主義も、布教内容の特徴はフランス社会の拒絶とされ、暴力的な「ジハード主義」にも転じやすい。そのため、「静寂主義的なサラフィー主義者」と「ジハード主義的なサラフィー主義者」とに区別されたりもする。政治学者アジーム・エル＝ディフラウィが指摘するように、ジハード主義は、しばしばサラフィー主義を通過するが、他にもルートはあり、千変万化のさまがある（『ジハード主義』）。

フランスは一九九〇年代からジハード主義的なテロの標的になってきたが、トゥールーズのユダヤ人学校などが襲撃された二〇一二年の事件、また二〇一五年には一月と一一月の二度にわたってパリでテロが起き、その後もニースやルーアン近郊などで事件が続いた。こうして近年は、過激化のメカニズムの解明と対策としての「脱過激化」に力が注がれている。

過激化する若者の来歴としてよく指摘されるのは、イスラーム諸国からの移民にルーツを持ち、多くの場合はフランスで生まれ育つが社会に包摂されず、ルーツとなる国との接点も失い、価値基準の喪失とアイデンティティの探求のなかで、フランス社会を憎むようになるというものである。過激な思想に染まるのは、ある特定のモスクやインターネットのサイト、刑務所での服役中などと言われている。

宗教性の評価は難しい。フランスの政治学者でイスラームを専門とする二大碩学のうち、ジル・ケペルは宗教としてのイスラームが過激化傾向を強めていると「イスラームの過激化」を、オリヴィエ・ロワはいつの時代にも見られる世代間闘争の過激思想がイスラームの仮面をまとうとする「過激性のイスラーム化」を指摘する。ただ、前者の見方を強調しすぎると、ムスリムに対する社会の偏見をいっそう強めることになりかねない。後者の見方は、もともと宗教的実践には疎遠な若者が、ある時期から急に戒律を守るようになる現象に目を向けさせてくれるが、こちらも強調しすぎると、宗教的実践の増大を暴力行為に至る最終段階との解釈を強めかねない。

「シャルリ・エブド事件」直後の『ル・モンド』紙の記事によれば、フランス国内のサラフィー主義者は一万二〇〇〇〜一万五〇〇〇人、ジハード主義者は約二〇〇〇人。フランスのムスリムを四〇〇万人と見積もれば、前者は〇・三%台、後者は〇・〇五%である(二〇一五年一月二一日付)。もちろん、現在の共和国のあり方やある種のライシテに不満を抱いているムスリムはけっして少なくないだろう。だが、全体として、大多数の

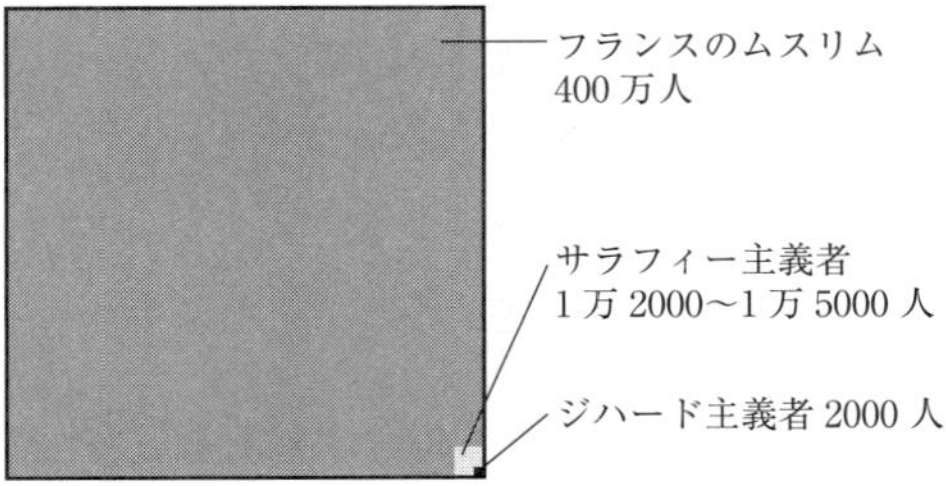

出典：« Quel est le poids de l’islam en France? »,
Le Monde, 21 janvier 2015

割合のムスリムがライシテの共和国に反旗を翻すような事態が起きているわけではない。この点は本章の最後でまた立ち戻ることになるだろう。

4 「フランスのイスラーム化」か「イスラームのフランス化」か

タリク・ラマダンの二枚舌？

ライシテとイスラームの根本的な発想は異なるが、両者の調停は可能であり、むしろイスラームはフランスでこそ新しい発展を遂げ、社会に寄与すると主張するムスリムもいる。このように二つの世界を橋渡しする態度は、「イスラームのフランス化」の線が明白ならば、共和国とムスリムの共生を展望するものとして歓迎されうるが、逆に「フランスのイスラーム化」や「原理主義」とのつながりを疑われると、危険視されることをまぬかれない。

「イスラームのマルティン・ルター」や「イスラームのキング牧師」の異名を持ち、西洋的なイスラームを唱える「改革派」と目される一方で、一見リベラルな柔らかな物腰と言動は「原理主義のトロイの木馬」にほかならないとフランス社会の警戒を掻き立ててきた人物。雄弁でカリスマ性を備え、毀誉褒貶が甚だしい、おそらく現代ヨーロッパで最も有名なムスリムの論客の一人。それがタリク・ラマダンである。

タリク・ラマダンは、ムスリム同胞団の創始者ハサン・バンナーの孫として、一九六二年にスイスのジュネーヴに生まれた。家庭での第一言語はアラビア語、居住地の言語はフランス語で、ジュネーヴ大学、カイロのアズハル大学で学び、一九九〇年代半ばよりフランスの公論に登場し、一躍脚光を浴びるようになった。英語、アラビア語の著作も多いが、特にフランスで多くの読者や聴衆を引きつけてきた。

ラマダンの基本的な姿勢は、イスラームの原則に忠実でありつつ、西洋の実情に即した実践を説くというものである。西洋の「イスラームなきムスリム」たちに向かって、宗教的な再生を通して「真のアイデンティティ」を発見し、共同体主義に引きこもることなく社会に向かってムスリムであることを堂々と主張するように呼びかけている。

タリク・ラマダン

イスラームはもともと世界を「イスラームの家」(ダール・イスラーム)と「戦争の家」(ダール・ハルブ)に分けてきた。だが、この領域区分は現代のヨーロッパには当てはまらない。そこでラマダンは、「証言の空間」(ダール・シャハーダ)という概念を提唱し、ヨーロッパに暮らすムスリムに、信仰告白と社会参加を呼びかける。

信者かつ市民であることを、ライシテは可能にする。ただ、そのためにはライシテの修正が必要だ。ラマダンは『ライシテのなかのムスリム』(一九九九年)のなかでこう主張している。ヨーロッパを世俗化やライシテに導いたのは人間を宗教から解放する自律の論理だったが、イスラームの歴史では、宗教が人間に自由をもたらし、信仰が知の探求につながった。現代の西洋では、参照体系の異なる二つの世界が出会っている。衝突を避けようというのであれば、必要なのは対話である。

ラマダンは言う。ライシテの枠組みは、ムスリムの宗教的実践を認めるものだが、同化主義に横滑りすると、ムスリムのアイデンティティの一部が切り取られてしまう。ムスリムは居住地の法を尊重しなければならないが、ムスリムであることは生き方の全体に関わる。フランスのモデルは固有の歴史に根ざしているが、いまや第二第三世代のムスリムが社会に多く暮らし、状況は変化した。「ライシテの基本原則には異議を差し挟むことなく、〔フランス・モデルとアングロサクソン・モデルのあいだに〕第三の道を見つける必要があるのではないだろうか」。

これは厳格な政教分離を緩和し、柔軟な適用を求めるものである。ライシテの枠組みを尊重するといっているので穏当にも見え、ライシテ自体が転機を迎えていることを踏まえているので説得力もある。ただ、「対話」を呼びかけるラマダンの姿勢は、イスラームをライシテに適合させるより、イスラームに合わせてライシテを作り替える方向に傾いているようにも見える。これはフランス社会の不安を掻き立てる部分に触れてくる。

ラマダンは「曖昧」で「二枚舌」との批判も集まってくるようになる。テレビカメラの前では近代西洋の「リベラル」らしく振る舞い、ムスリムを聴衆とする集会では信仰者として覚醒すべきことを説いて回る「原理主義者」であるといった批判である。

ラマダン側は、聴衆に応じて語り方が変わるのは当然で、矛盾する発言はないと主張している。自分の議論はイスラームの原則を踏まえながら現代の生き方に指針を与える「改革派」のもので、性急なまたは悪意ある読者が、字義通りの解釈の部分を取り出して「原理主義者」と告発しているにすぎないと釈明している。

サルコジとのテレビ対決

一九九四年にラマダンは、「開かれたライシテのために」と題した文章を『ル・モンド』紙に寄せている(一〇月一三日付)。最もよくフランス社会に統合されたムスリムとは、宗教をあまり実践せず周囲と同じ格好をしている者ではなく、イスラームによってエンパワーされた者かもしれない。ラマダンは、ライシテが新しい状況に「適合」すべきこと、相互の「承認」と「対話」の必要を強調している。

二〇〇〇年代にはサルコジが「開かれたライシテ」を唱えるようになったことは、すでに触れた(第1章2節)。その要諦は、宗教への管理統制を強め、共和国の理念に適合する宗教を登用する一方、それに該当しない宗教には厳しく対処するというものである。

そのサルコジとラマダンが二〇〇三年一一月、ヴェール論争のさなかに「フランス2《ドゥ》」のテレビ番組で意見を戦わせたことがあった。現職の内務大臣が先手で、ラマダンを守勢に回らせている。番組でのやりとりという性質上、必ずしも議論は嚙み合っておらず、深められていない面もあるが、いくつか興味深い論点がある。ここでは二点指摘しておく。

第一に、サルコジが語る「適合」の意味とラマダンにおける「ライシテ」理解の変化。サルコジは、社会統合にには双方の努力が必要とし、ムスリム側の努力をラマダンに求め、共和国側が「適合」するのではないと述べている。一方ラマダンは、自分のライシテ理解に進展があったとし、ライシテをイスラームに「適合」すべしという旧来の持論を封印する。ラマダンは、一九〇五年の政教分離法はムスリムに自由を与えるものであるとし、現行法の「厳格かつ平等な」運用(つまりムスリムを差別しないこと)を求めている。

第二に、「対話」のニュアンスの違い。前節で触れたように、サルコジは「原理主義」的と見なされてきたムスリム同胞団系の組織ＵＯＩＦを、イスラームの代表機関ＣＦＣＭに組み込んだ。番組では、このようなムスリムの共同体を「共和国の対話」の席につかせ、変化させる狙いを語っている。これに対してラマダンは、ムスリムの統合のための双方の努力を「対話」と位置づけている。サルコジにとって、共和国とイスラームの組織上の上下関係は明らかであるのに対し、ラマダンは対等な関係を示唆している。

第一の点からは、ラマダンが共同体主義の論理と手を切って、共和国の普遍主義の論理に沿おうとする様子が見えてくる。ライシテがイスラームに「適合」することを求める一九九〇年代の彼の主張には、マイノリティたるムスリムの「承認」を求める態度がなお見え隠れしていたとすれば、共和国の市民たるムスリムの処遇の平等を求めることは、マイノリティの権利要求とは違う地平に立っていることを含意する。

これに関連し、第二の点から読み取れるのは、組織を通じてムスリムを共和国の枠組みに組み入れようとするサルコジに対し、市民としてのムスリムが対話に参加することを主張するラマダンは、既存の枠組みの永続性を必ずしも自明視していないことである。

ここには「コペルニクス的転回」があるとシャリフ・ジェミーは指摘する。ラマダンは「ムスリムをフランスが構想した枠組みに押し込むのではなく、ムスリムが自分自身の権利において活動的になることを求めている」(『フランスのムスリム』)。

シャードルト・ジャヴァンやファドゥラ・アマラにおいては、共和国の理念が解放や社会改革の原理として機能していた。フーリア・ブーテルジャには、ムスリムを植民地主義的な共和国の「被害者」とし、マイノリティの立場から告発と権利要求をする姿勢が見られた。タリク・ラマダンは、共和国の普遍主義をよく理解し、ムスリムを自由で平等な市民と位置づけ、ひいては「対話」によって共和国の理念の可変性をもほのめかす。

ラマダンはフランス社会の議論に参加しつつもスイス国籍で、共和国が組織するイスラームの機関からは独立した位置にいる。サルコジとの対決は、代表機関に代表されていないという感覚を持つムスリムを、ラマダンの側に引きつけることにもなった。

グレーゾーンの魅力と危険

図式的に確認しておこう。イスラームの伝統主義と西洋の世俗主義を対極に置くとするならば、タリク・ラマダンの思想はその中間地帯に位置しており、前者から眺めれば西洋側に、後者から眺めればイスラーム側に寄ったものに見える。

ところで、その思想は「原理主義」の代表とされてきたムスリム同胞団の創始者で彼の祖父に当たるハサン・バンナーの「イスラーム主義」に源流を持つ。タリクの父サイード・ラマダンはバンナーの精神的継承者で、同胞団の思想をヨーロッパに広める役割を担ったが、ジャーナリストのグザヴィエ・テルニジアンによれば、次第に同胞団との組織的関係は希薄になったという(『ムスリム同胞団』)。

タリク・ラマダンは、同胞団系の組織からは独立した位置にいる。おそらく彼自身、意識的に適度な距離を設けているだろう。ただ、UOIFの大会で演説したことなど、友好的と言える一定の関わりはある。見方によっては、過激派とのつながりを疑われうる位置にもいる。

厳格なライシテ主義者のカロリーヌ・フレストは、ラマダンは「改革派」を自称しているが、それは巧妙なレトリックによるもので、実際には「原理主義」にほかならないと批判する。さらに彼女は、国際テロ組織アルカイダのアイマン・ザワヒリやジャメル・ベガルとラマダンには接点があったと匂わせる状況証拠を挙げて、彼の危険性を強調している。ザワヒリはビン・ラディンの後継者、ベガルは「シャルリ・エブド事件」を引き起こしたクアシ兄弟(弟シェリフ)とアメディ・クリバリを刑務所で感化し過激化させたと言われる人物である。

タリク・ラマダンは二〇〇四年に米国ノートルダム大学に教職を得るも、入国直前にブッシュ政権からビザを取り消された。英国オックスフォード大学で二〇〇五年より教鞭を執り、二〇〇九年からは「現代イスラーム学」講座教授となった。

ラマダンは二〇一六年にフランス国籍を申請している(本書執筆現在未取得)。『リベラシオン』紙は、英国に拠点を置いた国際展開が思ったようには振るわず、フランスでの存在感を再び強めようとしているとの見方を示している(二〇一六年一一月一四日付)。

他方、二〇一七年秋には、過去にラマダンから性的暴行を受けたという複数の女性の証言が報道され、醜聞の渦中で彼はオックスフォード大学を辞職している。

二〇一五年一一月のパリのテロ事件のあと、ラマダンは『トリビューヌ・ド・ジュネーヴ』紙に「勇気を出して信頼すること、対話をはじめること」と題した一文を寄せている(一一月一九日付)。文章は、「強固で不変で譲ることのできない原則」の確認からはじめている。肌の色や宗教に関係なく、人間は誰もが「同じ価値と同じ尊厳を持ち、平等に考慮され扱われなければならない」。「したがって、私たちは同じ義憤でもって、テロ、拷問、殺人、過激主義、抑圧を拒否しなければならない」。「テロ」も「抑圧」も非難の対象だ。

とはいえ、自分たちを「被害者」の立場に置くことなく、建設的な「自己批判」が求められる。「あえて言わなければならない。ムスリムのなかにはイスラームの教えを裏切る者がいること、南の腐敗した独裁政権には資格がないことを」。「私たちに刃向かう彼ら」という二元論を退け、新しい「私たち」のための協働が必要だ。共通の課題には「平等で共通の市民権の防衛」、「移民および難民と彼らの尊厳の保護」、「国民の統一に亀裂を入れて自由を破壊する結果をもたらす治安政策への抵抗」などが並ぶ。いかにも正論だと思える。

だが、政治社会学者のクリスチャン・ヨプケは、ラマダンの立場は西洋のリベラリズムの逆説に触れていると指摘する。信教の自由を盾にイスラームの主張に耳を傾けるよう求められ、リベラリズムはその原理と矛盾するような信念体系をも受け入れることになりかねないからである（『世俗国家の危機』）。

イスラーム政治思想を専門とする池内恵も、ラマダンは「ムスリムの自由を守るふりをして、自由を放棄させる思想を欧米社会に植え付けようとしている」と見られても仕方ないと述べている（『朝日新聞』二〇一六年一〇月二一日付）。その疑念を拭い去るのは、なかなか難しいようである。

5　フランスで開花するイスラームの可能性

アブデヌール・ビダール「イスラーム世界への公開書簡」

タリク・ラマダンとは違った立場から、フランスにおいてこそイスラームが開花すると主張しているムスリムに、哲学者アブデヌール・ビダールがいる。二〇一二年に教育省と高等統合評議会のライシテの文書の作成に携わった彼は、翌年には首相の直属機関として設置されたライシテ監視機構のメンバーになっている。二〇一四年の「イスラーム国」誕生を受けて、「イスラーム世界への公開書簡」を発表したことで注目を集めた（ネット公開したものに加筆した小冊子が翌年刊行された）。手紙は次のような呼びかけではじまっている。

「親愛なるイスラーム世界よ、私はお前の遠い子どもの一人で、お前を外から、そして遠くから眺めている。現在お前の多くの子どもが暮らすこのフランスという国から、お前を見ている。小さい頃からタサウウフ（スーフィズム）と西洋思想によって養われた哲学者の厳しい目でお前を見ている。つまり私はバルザフ（『コーラン』にある言葉で「あいだ」の意味がある）の立場から、東洋《オリエント》と西洋の二つの海のはざまからお前を見ている」。

ビダールの目に映るイスラーム世界は「悲惨と苦悩の状態」にある。それはムスリムとしての彼を悲しませるが、哲学者としての彼は手厳しい。「イスラーム国」を名乗る「怪物」を産み出したのはイスラーム世界だというのが、彼の診断である。「今日おまえの顔を奪っているこの悪の根は、おまえ自身のなかにあるものだ。怪物はおまえ自身の腹のなかから出てきたのだ」（強調原文）。

とはいえビダールは、世俗主義の観点からイスラームを見下しているわけではない。彼は「宗教の力」を忘れている西洋とその知識人にも批判的である。「彼らは非常に世俗化した社会に暮らしているので、宗教が人間の文明を推進する中核的な力たりえることを、もはや思い出すことができない」のだ。

ビダールは、暴力的な「原理主義」を産み落としている「イスラーム」の現状を批判しつつ、硬直化したライシテにも批判的である。そして、ムスリムとしての信仰を深めながら、ライシテのあり方を刷新するという、アクロバティックにも見える方向性を指し示している。

セルフ・イスラーム

ここでは、彼の半生を振り返った自伝的著作『セルフ・イスラーム』（二〇〇六年）をもとに、フランスとイスラームに引き裂かれつつ調停を試みてきた彼が、二つの世界をどのように表象し、自分をどのように位置づけているのかを見ておこう。

アブデヌール・ビダールは、一九七一年にクレルモン゠フェランで生まれた。実の父親のことは知らないようである。カトリックからイスラームに改宗していた母親の手で、生まれながらのムスリムとして育てられた。母親のイスラームは「慎ましやか」で、フランス社会と調和して生きる手段を自分に与えてくれたという。

長いあいだ実の父親と思っていた養父は母親の再婚相手で、モロッコ出身のベルベル人。没政治的ながら「原理主義」と言われるタブリーグ運動に関与していた養父のイスラームは「これ見よがし」で、移民たちを「真のイスラーム」に連れ戻すことを目指していた。

クレルモン゠フェランには古い教会を転用したモスクがあり、金曜日の午後はそこで多くの時間を過ごした。当時はアラビア語がまるで理解できなかったが、それでもよく出かけては移民たちの礼拝の様子を眺めた。一方、自分のイスラームは内面的なものだった。

このように複数のイスラームのあり方を見て育った彼は、フランス人とムスリムの世界が「隣り合っているのに互いにコミュニケーションを取らない」ことも理解していく。

二つの世界のはざまで、自分は何者なのか、自分の居場所はどこにあるのかという問いが幾度となく彼に去来する。アブデヌールと名乗ると「私の白いはずの肌が、尋ねる者の目には色がついていくのだった」。また別のときには、アラビア語で話しかけられ、こちらが何も理解していないのに気づくと、相手もわけがわからなくなった。「長いあいだ、私はフランス社会にけっして自分の居場所を見つけられないだろうという確信を抱いたまま、乗り越えることができずにいた」。

ビダールはエリート校のパリ高等師範学校に入るが、地方出身のムスリムの彼は、都会的な同世代の若者に引け目と違和感を覚える。幻滅した彼は「差異を認めようとしない西洋」に怒りを覚え、高等師範学校を飛び出して、スピリチュアルな指導者を探し求める旅に出る。ところが、そちらでも問題にぶつかる。彼の個人主義的なイスラーム観が、スーフィズム(神秘主義)の団体から否定されたのである。

アブデヌール・ビダール

この二度の挫折から、彼は現代が「特別に悲劇的な時代」であると理解する。「かつて人間の生活に意味を与えることができていたものが何ひとつ使えない」からだ。自分の人生の意味は、自分が孤独のうちに見出すものを出発点にするよりほかない。ビダールにとって、イスラームとは自明な伝統ではなく「恒久的な作業場」である。批判精神を支えに自由を希求することが大切だ。「各人にとっての方向があって、各人はその方向を向く」のであり、「おまえたちがどこにいようと、アッラーはおまえたちすべてとともに歩く」と『コーラン』は言っている（第二章一四八節）。換言すれば、ムスリム各人のスピリチュアルな責任は自分の道、自分のイスラーム――それを私はセルフ・イスラームと名づける――、個人のイスラームを見つけることにある。それはつまり、各人がイスラームに、そしてそれを超えてムスリム文化につながる固有のやり方を見つけることである」（強調原文）。

この「セルフ・イスラーム」をもとに、ビダールは批判を受けつけない頑ななイスラームを批判し、ムスリムと非ムスリムの連帯と共生を思い描く。それがフランスで可能だろうか。いや、フランスにおいてこそ可能なのではないか。「西洋」を自任するフランスは「イスラーム」を外部化しがちだが、双方が出会う場でもある。

スピリチュアルなライシテ

アブデヌール・ビダールは、現代世界においては洋の東西を問わず「聖」の観念が危機にあると考えている。それは西洋では「解体」し、イスラームにおいては「硬直化」している。スピリチュアルな人間形成をするためのものが、どちらにおいても欠けている。

哲学者であるビダールにとって、ライシテとは自分自身の信仰や偏見に対して距離を設ける意識状態のことを指す。ある意味で、近代西洋はこの態度を政治体制に翻訳したものだが、この態度自体は近現代フランスには限定されず、人間の本性と結びついた普遍的なものがあると彼は言う。そして、このように意識的に設けられる批判的な距離の感覚としてのライシテに、スピリチュアルな実存主義的な射程をも持たせようとする。

このスピリチュアルなライシテの構築に、フランスのムスリムは参画することができるとビダールは主張する。それは、厳格な宗教として凝り固まっているイスラームを変革すると同時に、行き詰まっているフランス社会を立て直すことができるだろう。

「セルフ・イスラーム」の立場から、ライシテのスピリチュアル化を提唱するビダールは、「法のイスラーム」に対する「内面のイスラーム」としてのスーフィズムを高く評価する。

もっとも、スーフィズムに近づき挫折した経験も持つビダールは、これを手放しで称揚するわけではない。「平和で開かれたスピリチュアリティ」と思われがちなスーフィズムにも、しばしばセクト的な閉鎖性が見られる。それを打破して「批判精神」に裏打ちされた「西洋モデル」の開発が必要だと彼は主張する。

このようなビダールによれば、同じく西洋とイスラームの和解を呼びかけているように見えるタリク・ラマダンは「法のイスラーム」の守護者であって、「生活の各行動について善悪を前もって固定的に決めているイスラーム」のグローバルな展開を導こうとしている。

それはイスラームにおける改革の芽を摘むことだとビダールは言う。権利や自由の名において、表向きは寛容や対話を唱えながら、裏ではイスラームのみが唯一の真実と説き女性にヴェールを被せるような態度は、「民主主義の原則——表現の権利、差異の平等な承認への権利、礼拝の自由——を民主主義そのものに反対するために用い、民主主義にとって容認できないものを容認させようとする」ことである(『セルフ・イスラーム』)。

要するに、イスラームが認められるべきだという主張に力点を置くラマダンに対し、ビダールはイスラームが変化すべきだと論じている。

アブダル・マリク『フランスにアッラーの祝福を!』

アブデヌール・ビダールの『セルフ・イスラーム』は、フランスとイスラームの二つの世界のはざまで自己形成を遂げた現代フランスの「教養小説《ビルドゥングスロマン》」としても読むことができよう。有名なラップ歌手アブダル・マリクの『フランスにアッラーの祝福を！』(二〇〇四年)もまた、二つの世界に引き裂かれた精神の歩みを記録にとどめている。コンゴ系移民二世の黒人アーティストで、イスラームに改宗した経歴を持つ彼は、郊外育ちのラッパーとして、体制側には一貫して批判的な位置にいる。

「アブダル・マリク」はムスリムになってからの名前である。一九七五年にパリでレジス・ファイエット＝ミカノとして生まれた彼は、カトリックの洗礼を受けている。父の仕事の関係でコンゴのブラザビルで二歳から六歳までを過ごしたあと、一九八一年にフランスに戻り、ストラスブール郊外のノイホフにて、差別と貧困と不安的な生活を知ることになる。レジス少年は最初勉強についていけず、落第も経験したが、父親が勉強を指導した結果、非常によくできる生徒になった。やがて、両親は離婚した。父が家を出、残された無職の母は借金と四人の小さな子を抱えて酒を飲むようになった。

一〇歳にもならない頃から、レジスは不良仲間とつるむようになった。一方、教育によって郊外の境遇を改善することを使命にしていた教師に出会い、優秀な成績を見込まれてカトリック系のエリート学校に送り込まれた。昼間は良い生徒、夜は悪い仲間と付き合う二重生活の矛盾は、やがて彼に深刻なアイデンティティの問題を引き起こす。

このようなときにラップに出会った。ちょうどフランスのラップの草創期で、アメリカのものも多く聴いた。ラップはただの音楽ジャンル以上のもので、宗教性をも帯びていた。「アメリカのラッパーの多くがイスラームに魅かれていたということは、私たちにとって意味のあることだった。ラップはスピリチュアルな表現を導くものだったのである」。

マルコムXの存在も大きかった。アメリカのブラック・ムスリム運動のカリスマ的リーダーだった彼の書いたものを、レジスは思春期にむさぼるように読んでいる。このようななかで、「イスラームは自分にとって自然な宗教」であることに気がついたという。

ムスリムになるということ

「アブダル・マリク」になった彼は、モスクに熱心に通い、『コーラン』を読み、祈る生活を心がける。それは、同じ郊外に住む若者たちがマリファナを吸い、ビールを飲み、愚にもつかぬことを大声で叫んでいるのと対照的である。自覚的なムスリムになることは、品行方正になることを意味していた。

一方、郊外には、イスラームに依拠して西洋を憎むという善悪二元論的な世界観もあったという。物質主義的な西洋近代は人間の尊厳とスピリチュアリティを軽んじ錯乱状態にあり、イスラームだけがそれを癒すことができるという考え方である。

やがてアブダル・マリクは、郊外のイスラームが抱えるいくつかの問題にぶつかる。第一に、自分はイスラームに依拠して西洋を批判することはあっても憎しみには突き動かされていなかったが、敵意を物理的な暴力に転換して行動することを主張するムスリムも存在すること。第二に、普遍主義を標榜するイスラームには人種差別がないはずなのに、実際には多くの移民系ムスリムは国籍ごとに分断されていること。第三に、自分にラップの世界を開いてくれたいとこが、イスラームに入って過激化し、社会との接点を失ってしまったこと。そのような道に自分もはまり込んでしまったかもしれない。「学校と勉強に対する情熱のおかげで、私は多くの罠に陥らずにすんだが、本質的には私もいとこと同じくらい壊れやすく、いつなんどき転落するかわからなかった」。

郊外のイスラームの問題点に突き当たったアブダル・マリクは、次第にスーフィズムに関心を寄せ、「もうひとつのイスラーム」を知る。郊外の改宗者は、しばしば急に厳格な教えを守るようになり、鬚を伸ばすことやムスリムらしい服装にこだわる。一方、スーフィズムは「大ジハード」と呼ばれる自己との闘いを説く。

「私は黒人とかアラブ人とかユダヤ人といった観点からものを考えることが不可能になった。

私がそこに見るのは人間だけだ」。アブダル・マリクの歩みには、スーフィズムを通して普遍主義的な人間観に至る道程が暗示されている。ところで、人種や宗教を超えた普遍主義は、本来のフランス共和主義やライシテの理念にも見出すことができるはずのものだ。

おそらく『フランスにアッラーの祝福を!』のタイトルには、現在十分に機能していない共和国の普遍主義を、イスラームによって鍛え直すという著者の思いが込められていよう。なお、この自伝的著作は本人監督のもと二〇一四年に映画化され、マチュー・カソヴィッツ監督の『憎しみ』を連想させるモノクロのタッチで郊外を描いている。

テロのあとで──九・一一

ここでアブダル・マリクの本職である歌を一曲、さわりの部分を紹介しておこう。表題は「二〇〇一年九月一一日」。アルバム『ジブラルタル』(二〇〇六年)に収録されている。

ツインタワーが崩壊する前から頭のおかしな奴らは大勢いた、
ツインタワーが消え去る前から気が狂った奴らは大勢いた。(※繰り返し)
心から衝撃を受けた、誓って言う、信仰がなければムスリムであることを恥じただろう。

そのあと、人びとに示さなければならなかったのは
私たちもただの人間であること、
狂信者がいるとしても、私たちの大部分は混同していないこと
政治と信仰を。
(※繰り返し)
そのあと、私たちはみな後ろ指を指された、彼らは自問した、
「きっとそこではみんなこうなのではないのか」?

バグダッドの爆撃がはじまり
スペインでは人びとがばたばたと倒れた。
指導者は愚痴をこぼし、
スイスはテレビスタジオで一人の政治家を前に混同した
政治と信仰を。

アブダル・マリク
アルバム『ジブラルタル』

リフレイン(※繰り返し)の部分は崩れ去るツインタワーの映像に重なる。「奴ら」はもちろんテロリストのことだろう

るのかもしれない。

が、「頭のおかしい」、「気が狂った」というのは、親しみを込めてラッパー仲間を揶揄《やゆ》してい

「バグダッド」は二〇〇三年のイラク戦争を、「スペイン」は二〇〇四年三月一一日のマドリッドの列車同時爆破テロを指す。「スイス」と「一人の政治家」のやりとりは、先述したタリク・ラマダンとサルコジのテレビ対決のことだろう。

アブダル・マリクのラマダンに対する評価は芳しくないように見える。これは、ラマダンをむさぼるように読んだこともある彼が、ラッパーとしての音楽活動がイスラームの教えに反しないか自問していた時期に、実際に会ったラマダンから教えを押し付けてくる人物という感想を持った経緯が影響しているようである(『フランスにアッラーの祝福を!』)。

それにしても印象的なのは、九・一一後の西洋世界におけるイスラモフォビアの高まりを背景に、ムスリムとしての「信仰」がないからではなく、あるからこそ、狂信者とは違うと歌いあげている点である。ムスリムの大部分は「政治と信仰」を混同していないと歌っている点にも注目したい。

もうひとつのテロのあとで

アブダル・マリクは、二〇一五年一月の「シャルリ・エブド事件」のあとには『共和国広場――ライックなスピリチュアリティのために』と題した小冊子を出している。彼は「私はシャルリ」の唱和には加わることのできない一人だ。

「正直になろう。私たちの国において『シャルリ・エブド』のカリカチュアが、イスラモフォビアと人種差別の亢進を招き、あらゆるムスリムに対する警戒心を掻き立てる役割を果たしてきたことは明らかだ。〔……〕出版の自由を擁護するときには、力関係、権力関係を忘れてはならない。その自由を行使する者と、受ける者との関係だ。そもそもムスリムは、『シャルリ・エブド』が最初のカリカチュアに手を染めるずっと前から、私たちの国ではすでに大いに差別されていたのだ。公正になろう」。

小冊子は、ライシテの理念がスピリチュアリティの次元を獲得することに期待を寄せている。「今日のフランス人。それは無神論のフランス人かもしれない。ムスリムのフランス人かもしれない。キリスト教徒のフランス人かもしれない。ユダヤ系のフランス人かもしれない。フランス人とは、特定の社会階級の出身者ではない。特別な肌の色をしているわけでもない。フランス人であるとは、スピリチュアルな存在であるということだ」。いかなる宗教の信者も無神論者もスピリチュアルなライシテの次元では手を組める。

スピリチュアリティの内容が抽象的かもしれないが、はっきりしているのは政治やテロと手を結ぶ宗教は、その名に値しないことである。「宗教的なものは、政治と結託するときには、そして最終的にテロリズムと手を結ぶときには、スピリチュアルなものの外にはじき出される。この意味において、政治的イスラームは絶対的な異端なのである」(『共和国広場』)。

あまりにフランス的なイスラームと言うべきだろうか。しかしフランスの課題は、「フランスのイスラーム化」ではなく「イスラームのフランス化」なのである。そしてフランス的なイスラームは、つねに体制側に都合よく回収されるとはかぎらない。

リベラルなイスラームという「キメラ」

政治学者のクリスチャン・ヨプケは、「リベラルなイスラーム」は二つの異質な成分からなる「キメラ」だが、すでに世俗的なヨーロッパに地歩を占めていると指摘する。

たしかに、神学的・理念型的には、政治と宗教を区別するキリスト教(およびこの宗教を土台に生成してきた近代西洋の政教関係モデル)と両者の融合を前提とするイスラームは対極にある。歴史的に見ても、「ヨーロッパ」の自己意識そのものが、中世初期に「イスラーム」と対峙したことを通して形成されている。二つの異質で敵対的な文明という図式は、近代西洋の植民地主義の時代を経て現代まで続いている。

しかし、本来的に異質とされていたものが歴史のなかで変容を遂げ、ほとんど一致する方向で収斂してくる現実も存在する。ヨプケは、教義面ではイスラームのメインストリームは保守的で世俗主義に敵対的だが、イスラームの視点から世俗主義を「土着化」するような社会的プラグマティズムがヨーロッパでは起こっていると述べている。「リベラルなイスラーム」あるいは「ヨーロッパ的なイスラーム」は十分に可能であり、すでに一部は実現している。

ただし、このような動向自体が、二つの異質な文明観の図式を再強化し、両立不可能性を主張する者の言動を再活性化する構図にもなっている。

このような状況でヨーロッパのリベラリズムが変質しているとヨプケは指摘する。人びとの内奥に関与しない「政治的リベラリズム」には、市民共同体に愛着を抱くよう人びとを駆り立てることにかけては「弱さ」がある。イスラームに対峙する近年のヨーロッパでは、あたかもこの「弱さ」を補強するかのように、リベラリズムが「倫理的リベラリズム」に変貌し、排除的で抑圧的な「リベラル・アイデンティティ」として機能している（『世俗国家の危機』）。

「ライシテ」の用語に引きつけて言えば、法的枠組みであるはずのライシテが、価値としてのライシテに横滑りしているということであろう。

共和国の価値に対する態度と宗教的実践

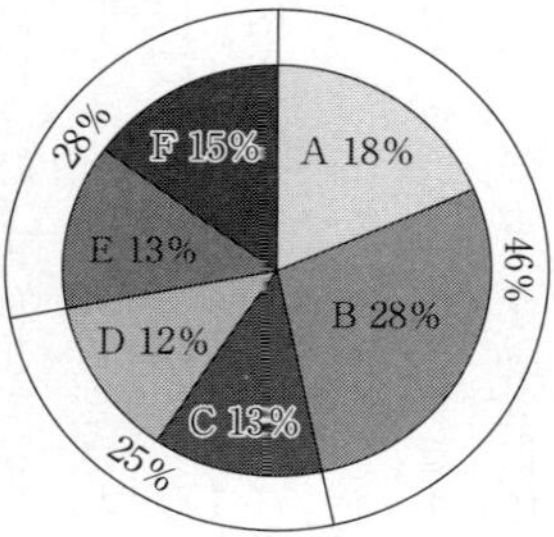

A 共和国の価値に適合＝宗教的要求なし

B 共和国の価値に適合＝ハラール食品を選好．職場での宗教の表現を支持する傾向

C 中間地帯＝ニカブに反対．重婚に反対．共和国モデル（の適用の仕方）に批判的

D 中間地帯＝ニカブに反対．重婚禁止に反対．外国籍のフランス在住者が多い

E 共和国の価値に反する価値体系を奉じる＝ライシテに反対．宗教の法が共和国の法に優先．信仰は私的領域のものではない．ニカブ・重婚に賛成傾向

F 共和国の価値に反する価値体系を奉じる＝厳格な宗教的実践．信仰はむしろ私的なもの．ニカブに賛成．半数がライシテに反対

出典：*Un islam français est possible*, Institut Montaigne, 2016, pp. 21–22 をもとに作成

「フランス的なイスラームは可能である」

独立系シンクタンクのモンテーニュ研究所は、フランスに暮らすムスリムを対象に統計調査を行ない、「フランス的なイスラームは可能である」と題した報告書を二〇一六年に公表している。

それによれば、フランスのムスリムの四六%は、「完全に世俗化している」、または「現代フランスの価値体系において統合を完遂しつつある」。これに対し、共和国の価値に反する価値体系を奉じるムスリムは二八%にのぼるという。「彼らにとってイスラームはフランス社会の周辺で自己を主張する手段である」。残りの四分の一は、両者の中間地帯にいるとされる。

四六%に属するムスリムのなかには、宗教的実践から遠ざかっている者も、職場での宗教的表現を擁護する者もいるが、共和国の法がイスラームの法に優先することを受け入れている。中間地帯のカテゴリーのムスリムは、共和国モデルまたはその運用のあり方にしばしば疑念を抱いている。二八%に属するムスリムのなかにはライシテに異議を唱える者も少なくないが、社会には背を向けながら宗教の自由な実践の場を確保するのにライシテを引き合いに出す場合もある様子が窺える。

たしかに、ライシテを逆手にとって共和国の価値を否定するムスリムも、実はライシテを受け入れていると論じるのは詭弁の類かもしれない。それでも、フランスのアイデンティティとして硬直化した価値としてのライシテではなく、信教の自由を保障する法的枠組みとしてのライシテには、多くのムスリムが賛同できるのが現状と評価することは妥当だろう。もちろん、共生に向けての課題は山積みであることは言うまでもない。

終章

ライシテは「フランス的例外」なのか

伊勢神宮に参詣する天皇(『尋常小学修身書 巻六』)
島薗進『国家神道と日本人』より

1 ライシテを「脱フランス化」する

「ライシテ」は、しばしば「フランス独特の厳格な政教分離」と説明される。「フランス的例外」のひとつにも数えあげられ、他の言語に翻訳不可能とも言われる。たしかに、ライシテの名において公立校でイスラームのスカーフを禁止する国が他にあるかと考えるならば無理もない。宗教的な属性を排した個人が政治参加し市民になるという共和国の理念を、フランスほど色濃く持つ社会があるだろうか。この言葉にはこの国の歩みが深く刻印されている。

しかし、フランス語はフランスだけの言葉ではない。少なくともフランス語圏の広がりを持つ。ベルギー、スイス、カナダのケベック州、アフリカ諸国などのライシテを、フランスとの比較において語ることができる。また、フランス語圏以外でも、トルコの「ライクリッキ」やメキシコの「ライシダ」など、「ライシテ」を直輸入した言葉を法制上用いている国がある。さらに、国教を持たず政教分離体制を敷く国をライシテの国と考えるならば、アメリカ合衆国も現代の日本も、ライシテの国ということになってくる。

しかも、ライシテの比較研究は政教分離の比較研究には収まらない。フランスにおけるライシテは、憲法原理でもあり、ナショナル・イデオロギーでもあり、市民の「心の習慣」でもある。比較対象国でこれらに相当するのは何かという問いを惹起するものでもあるわけだ。

本書でこれまで見てきたように、フランスにおけるライシテは、ひとつの時代においてすでに多様であるうえ、時代とともに変化してきた。課題の焦点は、分離から承認へ、治安重視へと推移してきた。多様な価値観を包摂する社会統合の鍵概念だが、ナショナル・アイデンティティとして硬直化する面もはらみ、民主主義の歩みと現在の危機を映し出す。機能不全を抱えつつ、これを鍛え直すしかなく、必然的に論争を巻き起こす性質のものだ。

要するに、「ライシテはフランスの政教分離」という理解では不十分である。地域的にはフランスを、テーマ的にもいわゆる政教分離の範囲を超えてくるからだ。ライシテの比較研究のためには、ライシテ化と世俗化の差異を意識し、構成要素の組み合わせが描き出す起伏を読み解き、それぞれの社会のライシテ体制の特徴を把握するのが有効である。終章では、ライシテを「脱フランス化」し、ケベックのライシテと日本のライシテについて考えてみよう。

ライシテの構成要素

ここではなるべく理論的な詳述には深入りしないようにするが、人びとの社会生活において宗教が占める位置が縮小していくことが「世俗化」だとすれば、「ライシテ化」は国家機関と宗教制度の絆を断ち切ることに関わる。両者はしばしば重なり合うが、違いが割合はっきりする場合もある。たとえばアメリカ合衆国は、国家が特定の教会の見解を代表することのないよう、政教分離が制度化されているが、国民文化における宗教の役割は大きい(ライシテ化の度合いは高いが、世俗化の度合いは低い)。一方、英国では、人びとの教会離れは進んでいるが、国教会制度が維持されている(世俗化の度合いは高いが、ライシテ化の度合いは低い)。

では、英国のように国教会があるからには、ライシテ体制とは無縁なのだろうか。そうとはかぎらない。ライシテの専門家ジャン・ボベロとミシュリーヌ・ミロは、生き方を支える価値観を異にする人びとの共存を可能にする政治体制の創設をライシテの指標と見ている。そして、政治と宗教を区別し両者のあいだに適切な境界線を設けることを提唱した英国のジョン・ロックを、ライシテの思想家として重視する。

ボベロとミロは、「良心の自由」の保障と「市民の平等」の実現をライシテの目的とし、「政教分離」と「国家の宗教的中立性」を目的達成のための手段と位置づけている。国教制度が残っていても、政治と宗教に一定の区別をつけ、特定宗教の優遇ないし差別を緩和し、自由と平等を達成するための制度を整えることはできよう。四つの構成要素の編成様式が、各社会のライシテ体制の特徴を物語る。すると、フランスのライシテは、唯一のモデルであるどころか、手段であるはずのものが自己目的化する傾向が強い一例ということになるだろう。

ケベックの政治学者ジェラール・ブシャールは、この四つの要素を土台にしながら、ライシテ体制を構成する要素を五つ列挙している(『間文化主義《インターカルチュラリズム》』)。

一、信仰または良心の自由
二、(宗教的およびその他の)諸信仰体系の平等
三、国家と制度化された信仰体系(「教会」など)の分離または相互の自律性
四、あらゆる宗教(および深い信仰体系や、世界観に根差した良心の信念)に対する国家の中立性
五、習慣としての価値または代々受け継がれてきた価値

言葉の選び方にニュアンスがついているが、一から四はボベロとミロの諸要素に対応すると考えてよい。第五の要素が特徴的だ。これは、当該社会の「歴史を介在させるものであるため、定式化の度合いが低く」、四つの要素と位相を異にするように見えるが、実際には強力なはたらき方をするもので、国家の中立性や良心の自由としばしば競合するとブシャールは言う。

筆者なりに噛み砕くと、宗教的に中立であるはずのライシテ体制においても、歴史的な経緯から優位な立場にある宗教的伝統が、国民文化などの名において引き合いに出され、ともすると個人の良心の自由と齟齬《そご》をきたしかねない、ということである。

サグネー市議会の祈り

具体例を挙げよう。ケベック市から北に二〇〇キロにあるサグネー市では、議会の開会前に次のような文言の祈りが唱えられていた。「あらゆる権力と知恵の源にして永遠なる全知全能の神よ、あなたの臨席のもと、われわれはここに集い、わが市の幸福と繁栄を確固たるものにいたします。われわれの議論があなたの聖なる御名の名誉と栄光を高め、わが市の精神的および物質的な幸福を促進するのに必要な光と力を与えられんことを。かくあれかし」。

二〇〇六年、この祈りに反対するサグネー市民が市長に中止を求めたが、聞き入れられなかった。そこで、ライシテの名を冠した市民団体と連携して裁判を起こした。二〇一一年、第一審の人権裁判所の判決は、祈りは議会が守るべき宗教的中立性の義務に反し、原告の良心の自由と信教の自由を侵害するものと判断した。祈りは宗教的であり、差別的な性質を持つとの見解である。

ところが二〇一三年、第二審のケベック控訴院は一審判決を覆した。国家の中立性の義務は絶対的なものではなく、祈りは中立性の義務を損ねるものではない。仮に原告の精神的価値を侵害するものだとしても、それは重大なものには相当しないとの判決である。宗教に起源を持つ祈りが、伝統ないし文化的な遺産に読み替えられている。サグネー市長は判決を歓迎し、ライシテとは「異なる信仰間のコミュニケーションの技法」で、「われわれの価値、われわれの伝統を保守する」ことが大事と強調している（『ル・ドゥヴォワール』二〇一三年五月二八日付）。

なお、二〇一五年のカナダ連邦最高裁判所は二審判決を覆し、祈りのような宗教的伝統の庇護は中立性の義務に反し、差別を構成するとの判決を下している。

確認しておきたいのは、原告側も被告側も自分たちの立場がライシテに適合すると考えていることである。ブシャールの分類で言えば、一審判決は第一と第四の要素を、二審判決は第五の要素を強調していることが確認できる。

宗教的伝統を「信仰」ではなく「文化」と位置づけようとする論理は、ケベックのライシテに特有なのだろうか。いや、本書ですでに論じたように（第1章4節）、現代フランスにもキリスト生誕の模型を「宗教的なシンボル」ではなく「文化的なシンボル」とするカト゠ライシテの論理が存在する。日本のライシテにおいても、宗教か文化かという問いがつきまとう。戦後日本の政教分離裁判の争点は、第一から第四の要素を規定している日本国憲法と、第五の要素としての習慣や伝統との葛藤という図式でとらえると、見通しがよくなるだろう。

ケベックのライシテはフランスに先立つ？

フランスも日本も、あるいはアメリカ合衆国も、「政教分離」を憲法のレベルで規定しているが、カナダはそうではない。ただし、一九八二年のカナダ憲法は「信教の自由」を保障しており、この原則と結びついた「国家の中立性」が「ライシテ」と機能的に等価であることについて、法律家の解釈は概ね一致している。

カナダのフランス語圏として「独自の社会」を自任するケベック州は、一九八二年のカナダ憲法を批准していないが、一九七五年に制定された「人の権利と自由に関する憲章」が良心の自由と信教の自由を規定し、人種や身分や宗教による差別を禁じている。

フランスとは異なりケベックでは「ライシテ」は明文化された憲法原理ではないが、その政教関係はボベロとミロあるいはブシャールの提示する構成要素に照らしてライシテ体制の条件を満たす。もともとカトリックの影響力が強い地域で、それを大きく変えたのは一九六〇年代の「静かな革命」以降の近代化である。一部の市民団体はこの時期から「ライシテ」という言葉を用いているが、広く人口に膾炙《かいしゃ》するのは一九九〇年代以降である。

要するに、教会の社会的影響力が長く続いたケベックでは世俗化の開始時期は遅く、ライシテという言葉が実際に社会で広く用いられるようになった時期も遅かった。ところが、ミシュリーヌ・ミロは、ケベックでライシテの諸要素が出揃ってくるのは、むしろフランスよりも早いと論じている(『新世界のライシテ』)。どういうことだろうか。

現在のケベックは、もともとフランス王国の植民地で「ヌーヴェル・フランス」と呼ばれていた。一八世紀後半に英国との戦争に敗れて「イギリス領ケベック植民地」となった。ところで、イギリスはフランス系住民の強引な同化や排斥を推し進めなかった。その結果、住民のマジョリティはカトリックだが、マイノリティのプロテスタントのほうが社会的な地位は高いという二元性の構図ができた。一七六三年のパリ条約はカトリックに「信教の自由」を認め、一七七四年のケベック法はカトリックが公職に就くに当たってローマに対する忠誠を放棄しなくともよいとし(プロテスタントとカトリックの「平等」)、一七九一年の立憲条例は聖職者が議会の議員になれないことを定めている(宗教と政治の「分離」)。

フランス本国ではカトリックが一七八九年まで国教だったが、イギリス領になったケベックでは、カトリックもプロテスタントも国教にはならなかった。つまり、国教廃止はケベックのほうがフランスよりも早い。イギリス本国でも非国教徒が公職に就くことが可能になるのは一八二八年だから、宗教的多元性と市民的平等(少なくともその萌芽)の点でも、植民地が本国に先駆けている。

いずれにせよ、一八世紀後半から一九世紀前半にかけて、ライシテの構成要素が大西洋を挟んで少しずつ制度的に地歩を固めていく様子が見られる。フランスとケベックの文脈の違いとして決定的なのは、フランスでは強力な王権が宗教をしたがえるという上下関係を前提にライシテ体制が構築されていくのに対し、強力な王権の歴史を持たない新大陸のケベックでは、教会が国家の規制を受けることなく活動できる社会的空間が大きく開かれていたことである。

ケベックの「開かれたライシテ」とフランスの議論の影響

ケベックのフランス系住民は、カナダおよび北米のマイノリティとして、フランス語とカトリックを手がかりに「生き残り《サヴァイヴァル》」を続けてきた。一九六〇年代の「静かな革命」は、このような存在のあり方に変更を迫ることになった。

変化の核心はネーション概念の転換にある。それまでの「フランス系カナダ人」は、ケベック州の住民を中心に、他州に暮らすフランス系を含むエスニック・ネーションだったが、「ケベック人」は州内の非フランス系住民を含むシヴィック・ネーションの創設に関わる。

この局面において、フランス語という「言語」が新たな社会統合の機軸として再強化された。移民社会カナダは多様性を重んじ、ケベックもその例に漏れないが、その様態にニュアンスの差がある。連邦政府にとっては、ひとつの共通文化が全国民に及ぶのはカナダらしくない。一方、フランス語系のケベック人には、カナダおよび北米のマイノリティとして、多様性の増大が社会を断片化すると自分たちの存続が危ぶまれるという意識がある。そこでケベックには、共通言語(さらには共通文化)による社会の「統合」に力点を置く傾向が強い。

他方、シヴィック・ネーションの創設に際して、カトリックという「宗教」が機軸になることはなかった。制度宗教としてのカトリックの教導権は一九六〇年代以降、世界的に見ても大きく後退している。移民がもたらした宗教的多様性の増大によって相対化された面もある。ただ、カトリックは多くのケベック人の「信仰」や「実践」の対象ではなくなったとしても、保守的なマジョリティの「文化」や「伝統」として残り続けた面はある。

このような社会において「ライシテ」という言葉は、フランス流の反教権主義や同化主義的なイデオロギーを連想させたのか、国家の宗教的中立性や多様化する宗教への対応は「非宗派性」や「脱宗派化」などの語で表わされてきた。「ライシテ」の語が用いられるようになってからも、フランスとの違いを意識して「開かれたライシテ」と表現されることが多い。ただ、「開かれたライシテ」と言っても、伝統宗教に向かって開かれる「カト＝ライシテ」と、普遍主義的な人権の観点から「マイノリティの権利の保護に力を注ぐライシテ」とでは、実質は大きく異なる。これに現代フランスの「厳格なライシテ」の直輸入を思わせるヴァージョンを加え、三つの類型が現代ケベックにおけるライシテ論争を特徴づけている。

2　日本のライシテ

日本の政教構造の変遷

日本の宗教的伝統はフランスやケベックと異なるが、政教関係の構造に注目するなら、戦国時代から江戸時代の初期にかけての時期に、政治権力が宗教を従属させる構図ができた。フランスでも同じ時期に、宗教戦争を終結させる過程のなかで、政治が宗教に対して優位に立つ絶対王政が確立された。国家権力が宗教よりも上位にあって規制をかけることのできる構図という点において、日本とフランスは似ている。ケベックとは文脈を異にする。

一九世紀後半の国民国家形成期はどうか。フランスでは、教権主義的なカトリックに闘争を挑んだ共和派がライシテを確立した。国民国家のイデオロギーとして、ライシテ自体が新たな宗教性を帯びるようになった面もあるが、国家は宗教に自由を与え、良心の自由と礼拝の自由を保障した。一八六七年の英領北アメリカ法により「建国」されたカナダ連邦の一州となったケベックでは、教会が従前通り大きな社会的役割を果たし、世俗権力としての州政府は宗教と闘争を繰り広げたわけではなかった。日本では、欧米の近代文明の基底には宗教があると見抜いた政治指導者が、しかしながらキリスト教も仏教も神道も近代日本の精神的支柱たりえないと考え、天皇を機軸とする国家建設を進めた。いわゆる「国家神道体制」の構築である。

宗教学者の島薗進が指摘するように、これは「天皇崇敬」と「諸宗教の信仰」が棲み分けながらも互いに関連する政教構造で、「祭政一致」と「政教分離」の二重構造を特徴とする。「国民の習俗」として法的には「非宗教」とされた皇室崇敬および神社神道と、「宗教」として公認された教派神道・仏教・キリスト教が区別され、形式上は「政教分離」がなされたが、これは政治と宗教の十分な自律性を意味するものではなかった。「信教の自由」も大日本帝国憲法第二八条によって形式的に規定されてはいたが、臣民に付与された条件つきのもので、天賦人権の思想に依拠した個人の権利に立脚したものとは言えなかった。

つまり、ライシテの構成要素は認められるが、それらの実質や編成は、むしろライシテの目的に反する印象を与える。一九四五年の敗戦とそれに続く日本国憲法の制定は、この疑似ライシテないし半ライシテ体制としての国家神道体制を、新たなライシテ体制に組み替えた。

憲法学者の宮沢俊義は、「日本国憲法は、徹底したライシテを採用した」と述べている。「法制的にいうかぎり、現行の日本国憲法は、世界諸国の憲法のうちで、もっとも徹底したライシテを認めているものに属するといえよう」(「ライシテ(laïcité)の成立」)。ライシテといえばフランスという通念に囚われていると、現行憲法の制定に直接的には関与していないのにと首を傾げる向きもあるかもしれない。しかし、アメリカがライシテの諸要素をフランスとは異なる様式で組みあげたライシテ体制を敷いていたからだと考えれば、そこまで不思議ではない。

ところで、アメリカ的(あるいは西洋キリスト教文化的)なライシテ体制が日本に適用されたということは、日本における「ライシテの土着化」の問題もはらむことになった。

戦後日本のライシテ体制の特徴

戦後日本のライシテ体制にはどのような特徴が見られるだろうか。抽象的ながら本質的と思われる点を三つ指摘しておこう。

第一に、日本国憲法が信教の自由を保障し、政治と宗教を分離したことは、政治権力が宗教よりも上位にあって宗教を管理するという長く続いてきた体制からの転換を意味する。フランスをはじめヨーロッパでは、戦後の近代化にともない教会出席率の減少が目立ったが、宗教が政治権力の統制を逃れて自由に活動できるようになった戦後日本のライシテ体制においては、宗教(とりわけ新宗教)がしばしば大きな活力を示した。このような宗教は、戦後日本の世俗的な社会の価値観と大きく矛盾するよりは、むしろ適合的であった。

ところで、世俗的な価値観と適合的な社会参加型の新宗教が短期間に大きく勢力を広げることができたのは、およそ一九七〇年頃までである。その後の消費社会では、宗教の個人主義化の傾向がより目立つようになった。なお、宗教団体が反社会的であっても「信教の自由」のために国家権力が介入しにくいという事情は、国家が宗教をしたがえるフランス型と構図的に類似していた戦前の疑似ライシテ体制が、政治は宗教の自由な活動を妨げないという新大陸型のライシテ体制に転換した経緯を反映している部分があるだろう。

第二に、宗教が戦後のある時期まで新たな社会的活力と大衆動員力を発揮したのは、戦後日本のライシテ体制のあくまで一面であって、社会全体の趨勢としてはむしろ世俗化が進み、宗教は周辺化された。宗教には無関心、あるいは「無宗教」を標榜するのが戦後の日本人としては標準的で、「シューキョー」は怪しい、怖いと見なされることも多い。

第三に、「信仰」や「教団」であることが明確な「宗教」というより、「習慣」や「文化」と見なされうる(またはそう主張されがちな)宗教的伝統が、政教分離の原則としばしば緊張関係を結ぶこと。このような宗教的伝統があるからライシテの考えは日本に当てはまらない、というのではなく、むしろここに見られる緊張関係が戦後日本のライシテ体制の特徴と争点を構成している、というのが筆者の見解である。

いわゆる「宗教」には回収されない宗教的伝統は、一方では日本人の精神的な豊かさを湛《たた》えていると言うべきかもしれないが、他方ではライシテの目的である「良心の自由」の保障と「市民の平等」の実現を妨げる方向に機能しうることも否定できない。これは国家神道的なものの存続、反復、回帰という問題系に関わる。島薗進は、国家神道は戦後も天皇崇敬や国体論的な言説などを通し、形を変えて見えにくい形で続いていると論じている。

そのような国家神道的なものの特徴のひとつは「二重構造」に求められよう。戦前の国家神道体制においては、(非宗教とされた)「祭祀」と「宗教」としての信仰とが、区別されながらも支え合っていた。戦後のライシテ体制においても、確立されたはずの「良心の自由」や「信教の自由」が、(非宗教とされる)「国民の習俗」に搦《から》めとられるおそれがある。日本国憲法のライシテは徹底していると評した宮沢俊義は、いみじくも「思想の自由や宗教の自由の価値に対する強い信念」がなければ「そのライシテの基礎はきわめて弱い」とも指摘していた。

「ライシテ」というモノサシで、日本の何が見えるのか

戦前の国家神道体制から戦後のライシテ体制への移行は、断絶があるはずなのに日本人は比較的滑らかに受け止めた。それは「思想ないし信仰の自由というものの価値に対する認識ないし執着の不足」によるのではないかと宮沢は示唆し、「自分の宗教的信念に大きい価値をみとめない者は、他人の宗教的信念に対しても高い価値をみとめようとしないだろう」と述べている。これはライシテの目的に相当する二つの要素、すなわち良心および信教の「自由」、そして信仰体系の違いによって差別されない「平等」に関わるものだ。

「思想の自由や宗教の自由の価値に対する強い信念」が、日本のライシテにどこまで見られるかという問いは、日本の思想的土壌に普遍的なものが根づくかという、多くの先人たちが取り組んできたテーマにつながる。ここでは、批評家の加藤典洋が『日本の無思想』のなかで、「戦前から戦後にかけて、僕達から、いわば「本心」というもの、「信念」というものが根こそぎにされるような切断の契機があったはず」と述べていることに注目したい。

加藤の見立てでは、「信教の自由」と「神道に服すること」を両立させた戦前の国家神道の

二重構造が、「敗戦時の全面屈服」を経て、戦後の「投げやりなホンネ」と「とってつけたような理由」としての「タテマエ」の二重構造、すなわち「入れ替わり可能」で「どっちだっていいや」というニヒリズムを帯びた二重構造に受け継がれている。

このことは、譲れない「信念」や「本心」が社会に対して屹立する図式が、戦後日本では憲法によって保障されているはずなのに十分に機能しておらず、外的な掟にしたがっているうちに、そもそも貫く信念があるのかないのかよくわからなくなるという消息に触れている。

もちろん、社会に鋭く対峙する信念を持ち、さまざまな抵抗を試みてきた者たちが戦前戦後を通じていることは言うまでもない。けれども加藤は、そのような信念を持つよう呼びかけてみても、戦後日本社会では空回りせざるをえず、このように信念がない状況に立ち至った経緯を確認することから出直して、新しく信念を手にするほかないと言う。

「良心の自由」や「信教の自由」が西洋社会では人権思想の源流に位置しているが、日本は文脈を異にする。そのような社会において、「他人の宗教的信念に対しても高い価値をみとめることはできるだろうか。「日本は多神教だから寛容」という本質主義的な風土論は、何ら結果を保証するものではない。

いわゆる宗教を信仰する自由を保障する枠組みとしての「政教分離」が、ライシテの主要な柱であることはたしかである。けれども、ライシテは、現在のますます多様化する社会において、宗教であるなしを問わず、異質な価値観を持つ人びとを平等に遇し、差別をせず、共存をはかることにもつながっている。この場合は「多文化共生」という訳語が近いだろうか。

ところで、現代の日本語において、特に話の脈絡なく「政教分離」という言葉を聞いたときに連想される問題系と、「多文化共生」と聞いて思い浮かべられるイメージは、つながるよりはかけ離れているのではないだろうか。二つの言葉を関連づけることで、日本のライシテの輪郭が逆照射されてくるだろう。他にもどのような語が手がかりになるだろうか。

ライシテが憲法原理のフランスにおいて、このテーマに関する議論が熱を帯びるのは、何よりも共和国の来歴を振り返り、将来像を構想することに関わっているからだ。ケベックにおいても、この語をめぐる議論を通して、社会の来し方行く末についてのいくつかのモデルが見えてくる。現代の日本において、この国の歩みを振り返り将来像を描き出すことに関わるキーワードとして、日本語に定着しているとは言えない「ライシテ」の語を挙げる者はよもやいないだろう。では、その代わりとなる言葉とは何だろうか。最後に読者に投げかけてみたい問いである。

参考文献

新書の性格と読者の便宜を考え、欧文文献は本文中で直接引用または言及したものにかぎり(仮の邦題を記載したものはリストでも対応させた)、和文文献および邦訳書は厳選して関連のものも含めた。新聞・雑誌記事などは本文中に媒体名と年月日を記した。また、本書は書き下ろしだが、これまで発表してきた拙論を圧縮して取り入れた箇所や、それらをもとに新しく展開した箇所がある。

序章(および全体に関係するもの)

宇野重規・伊達聖伸・髙山裕二編『共和国か宗教か、それとも――十九世紀フランスの光と闇』白水社、二〇一五年
鹿島茂・関口涼子・堀茂樹編『シャルリ・エブド事件を考える』白水社、二〇一五年
工藤庸子『宗教vs.国家――フランス〈政教分離〉と市民の誕生』講談社現代新書、二〇〇七年
工藤庸子『近代ヨーロッパ宗教文化論――姦通小説・ナポレオン法典・政教分離』東京大学出版会、二〇一三年
現代思想『シャルリ・エブド襲撃/イスラム国人質事件の衝撃』青土社、二〇一五年

現代思想『パリ襲撃事件』青土社、二〇一六年
小泉洋一『政教分離と宗教的自由――フランスのライシテ』法律文化社、一九九八年
小泉洋一『政教分離の法――フランスにおけるライシテと法律・憲法・条約』法律文化社、二〇〇五年
ゴーシェ、マルセル『民主主義と宗教』伊達聖伸・藤田尚志訳、トランスビュー、二〇一〇年(原一九九八年)
伊達聖伸『ライシテ、道徳、宗教学――もうひとつの19世紀フランス宗教史』勁草書房、二〇一〇年
谷川稔『十字架と三色旗――近代フランスにおける政教分離』岩波現代文庫、二〇一五年(山川出版社、一九九七年)
白水社編集部編『パリ同時テロ事件を考える』白水社、二〇一五年
ボベロ、ジャン『フランスにおける脱宗教性《ライシテ》の歴史』三浦信孝・伊達聖伸訳、白水社文庫クセジュ、二〇〇九年(原二〇〇七年)
増田一夫「戦うライシテ――『シャルリー・エブド』のフランス」『Odysseus』(別冊2)東京大学大学院総合文化研究科地域文化研究専攻、二〇一五年(二〇一四年度)
宮島喬『フランスを問う――国民、市民、移民』人文書院、二〇一七年

第1章

Baubérot, Jean, *Les sept laïcités françaises: Le modèle français de laïcité n'existe pas*, Paris, Maison des Sciences de l'Homme, 2015〔『フランスの七つのライシテ』〕

Béraud, Céline, « Un front commun des religions contre le mariage pour tous? », *Contemporary French Civilization*, vol. 39, no. 3, 2014

Clanché, Philippe, *Mariage pour tous: Divorce chez les cathos*, Paris, Plon, 2014〔『みんなのための結婚、カトリックにおける離婚』〕

Hochmann, Thomas, « Le Christ, le père Noël et la laïcité, en France et aux États-Unis », *Les Nouveaux Cahiers du Conseil constitutionnel*, n°53, 2016〔「フランスとアメリカのキリスト、サンタクロース、ライシテ」〕

Portier, Philippe, *L'État et les religions en France: Une sociologie historique de la laïcité*, Rennes, Presses Universitaires de Rennes, 2016〔『フランスの国家と宗教』〕

Rochefort, Florence, « "Mariage pour tous": genre, religions et sécularisation », in Laurie Laufer et Florence Rochefort éds., *Qu'est-ce que le genre?*, Paris, Payot & Rivages, 2014

Vauchet, Stéphanie Hennette et Vincent Valentin, *L'affaire Baby Loup ou la nouvelle laïcité*, Issy-les-Moulineaux, Lextenso éditions, 2014〔『バビルー事件あるいは新しいライシテ』〕

浅野素女『同性婚、あなたは賛成? 反対?』パド・ウィメンズ・オフィス、二〇一四年

伊達聖伸「ライシテの変貌——左派の原理から右派の原理へ?」『ソフィア』六〇巻二号、二〇一一年(二〇一二年刊)

伊達聖伸「カトリシズムとセクシュアル・デモクラシー——フランスの同性婚反対運動とライシテ」『上

智ヨーロッパ研究』一〇号、二〇一八年
中島宏「フランスにおけるBaby Loup事件についての予備的素描」『山形大学法政論叢』六〇・六一号、二〇一四年
畑山敏夫「マリーヌ・ルペンと新しい国民戦線――「右翼ポピュリズム」とフランスのデモクラシー」高橋進・石田徹編『ポピュリズム時代のデモクラシー』法律文化社、二〇一三年
レモン、ルネ『政教分離を問いなおす――ＥＵとムスリムのはざまで』工藤庸子・伊達聖伸訳＋解説、青土社、二〇一〇年（原二〇〇五年）

第2章

Benbassa, Esther, *La République face à ses minorités: Les Juifs hier, les Musulmans aujourd'hui*, Paris, Mille et une nuits, 2004〔『マイノリティに向き合う共和国』〕
Gaspard, Françoise et Farhad Khosrokhavar, *Le foulard et la République*, Paris, La Découverte, 1995〔『スカーフと共和国』〕
Hajjat, Abdellali et Marwan Mohammed, *Islamophobie: Comment les élites françaises fabriquent le « problème musulman »*, Paris, La Découverte, 2013〔『イスラモフォビア』〕
Pagès, Alain, *13 janvier 1898 J'accuse...!*, Paris, Perrin, 1998
Plenel, Edwy, *Pour les musulmans. Précédé de « Lettre à la France »*, *janvier 2015*, Paris, La Découverte, 2015

〔『ムスリムのために』〕
Tévanian, Pierre, *Le voile médiatique. Un faux débat: « l'affaire du foulard islamique »*, Paris, Raisons d'agir, 2005
Voltaire, « De l'*Alcoran*, et de la loi musulmane » (Extrait de *Essai sur les mœurs et l'esprit des nations*, chap. VII, 1756), *Du Coran et de la loi musulmane*, Paris, L'Herne, 2015〔『諸国民の習俗と精神についての試論』〕
Winock, Michel, *La France et les Juifs: De 1789 à nos jours*, Paris, Seuil, 2004〔『フランスとユダヤ人』〕
有田英也『ふたつのナショナリズム――ユダヤ系フランス人の「近代」』みすず書房、二〇〇〇年
アーレント、ハンナ『全体主義の起原Ⅰ　反ユダヤ主義』大久保和郎訳、みすず書房、新版二〇一七年（原一九五一年）
稲葉三千男『ドレフュス事件とエミール・ゾラ 告発』創風社、一九九九年
ウエルベック、ミシェル『服従』大塚桃訳、河出書房新社、二〇一五年（原二〇一五年）
ヴォルテール『哲学辞典』高橋安光訳、法政大学出版局、一九八八年（原一七六四年）
ヴォルテール『寛容論』中川信訳、中公文庫、二〇一一年（原一七六三年）
ヴォルテール『寛容論』斉藤悦則訳、光文社古典新訳文庫、二〇一六年（原一七六三年）
菅野賢治『フランス・ユダヤの歴史』上下、慶應義塾大学出版会、二〇一六年
私市正年『原理主義の終焉か――ポスト・イスラーム主義論』山川出版社、二〇一二年
小林善彦『ルソーとその時代――文学的思想史の試み』大修館書店、一九八二年（増補版）

サルトル、ジャン＝ポール『ユダヤ人』安堂信也訳、岩波新書、一九五六年（原一九五四年）
サルトル、ジャン＝ポール「「レ・タン・モデルヌ」創刊の辞」伊吹武彦訳、『シチュアシオンII』（サルトル全集第九巻）人文書院、一九六四年（原一九四八年）
スコット、ジョーン・W『ヴェールの政治学』李孝徳訳、みすず書房、二〇一二年（原二〇〇七年）
ゾラ、エミール『ゾラ・セレクション10　時代を読む一八七〇—一九〇〇』小倉孝誠・菅野賢治編訳、藤原書店、二〇〇二年
伊達聖伸「ヴォルテールとシャトーブリアンの宗教批判——「寛容」から「自由」へ」『東京大学宗教学年報』三一号、二〇一三年
伊達聖伸「イスラームはいつ、いかにしてフランスの宗教になったのか」『宗教研究』三八三号、二〇一五年
トッド、エマニュエル『シャルリとは誰か？——人種差別と没落する西欧』堀茂樹訳、文春新書、二〇一六年（原二〇一五年）
平野千果子『フランス植民地主義と歴史認識』岩波書店、二〇一四年
保苅瑞穂『ヴォルテールの世紀——精神の自由への軌跡』岩波書店、二〇〇九年
ポリアコフ、レオン『反ユダヤ主義の歴史III——ヴォルテールからヴァーグナーまで』菅野賢治訳、筑摩書房、二〇〇五年（原一九六八年）
森千香子「フランスの「スカーフ禁止法」論争が提起する問い——「ムスリム女性抑圧」批判をめぐっ

て」内藤正典・阪口正二郎編『神の法vs.人の法——スカーフ論争からみる西欧とイスラームの断層』日本評論社、二〇〇七年

ヨプケ、クリスチャン『ヴェール論争——リベラリズムの試練』伊藤豊・長谷川一年・竹島博之訳、法政大学出版局、二〇一五年（原二〇〇九年）

渡辺一夫『狂気について』大江健三郎・清水徹編、岩波文庫、一九九三年

第3章

Abd al Malik, *Qu'Allah bénisse la France!*, Paris, Albin Michel, 2004〔『フランスにアッラーの祝福を!』〕

Abd al Malik, *Place de la République: Pour une spiritualité laïque*, Montpellier, Indigène éditions, 2015〔『共和国広場——ライックなスピリチュアリティのために』〕

Adraoui, Mohamed-Ali, « Être salafiste en France », Bernard Rougier éd., *Qu'est-ce que le salafisme?*, Paris, PUF, 2008〔「フランスにおいてサラフィー主義者であること」〕

Bidar, Abdennour, *Self islam: Histoire d'un islam personnel*, Paris, Seuil, 2006〔『セルフ・イスラーム』〕

Bidar, Abdennour, *Lettre ouverte au monde musulman*, Paris, Les liens qui libèrent, 2015〔『イスラーム世界への公開書簡』〕

Bouteldja, Houria, *Les Blancs, les Juifs et nous: Vers une politique de l'amour révolutionnaire*, Paris, La Fabrique éditions, 2016〔『白人、ユダヤ人、そして私たち』〕

Bouzar, Dounia et Saïda Kada, *L'une voilée, l'autre pas: Le témoignage de deux musulmanes françaises*, Paris, Albin Michel, 2003〔『一人の女性はヴェールを被り、もう一人は被らない』〕

Chouder, Ismahane, Malika Latrèche et Pierre Tévanian, *Les filles voilées parlent*, Paris, La Fabrique éditions, 2008〔『ヴェールを被った少女たちは語る』〕

Djavann, Chahdortt, *Bas les voiles!*, Paris, Gallimard, 2003〔『ヴェールを捨てろ!』〕

El Difraoui, Asiem, *Le Djihadisme*, Paris, PUF (Que sais-je?), 2016〔『ジハード主義』〕

Fourest, Caroline, *Frère Tariq: Le double discours de Tariq Ramadan*, Paris, Grasset, 2010

Gemie, Sharif, *French Muslims: New Voices in Contemporary France*, Cardiff, University of Wales Press, 2010〔『フランスのムスリム』〕

Joppke, Christian, *The Secular State Under Siege: Religion and Politics in Europe and America*, Cambridge, Polity Press, 2015〔『世俗国家の危機』〕

Ramadan, Tariq, *Les musulmans dans la laïcité*, Lyon, Tawhid, 1999〔『ライシテのなかのムスリム』〕

Ternisien, Xavier, *Les Frères musulmans*, Paris, Fayard, 2005〔『ムスリム同胞団』〕

アマラ、ファドゥラ『売女でもなく、忍従の女でもなく——混血のフランス共和国を求めて』堀田一陽訳、社会評論社、二〇〇六年（原二〇〇四年）

大塚和夫『イスラーム主義とは何か』岩波新書、二〇〇四年

菊池恵介「スカーフ問題とは何か」内藤正典・岡野八代編『グローバル・ジャスティス』ミネルヴァ書房、

二〇一三年
小杉泰『9・11以後のイスラーム政治』岩波書店、二〇一四年
ジャヴァン、シャードルト『モンテスキューの孤独』白井成雄訳、水声社、二〇一〇年(原二〇〇六年)
伊達聖伸「アブデヌール・ビダールにおけるライシテとイスラーム」『フランス哲学・思想研究』二二号、二〇一七年
伊達聖伸「フランスにおけるムスリムとの共生——アブダル・マリクの場合」『神奈川大学評論』八六号、二〇一七年
内藤正典『ヨーロッパとイスラーム——共生は可能か』岩波新書、二〇〇四年
中野裕二ら編『排外主義を問いなおす——フランスにおける排除・差別・参加』勁草書房、二〇一五年
ファノン、フランツ『黒い皮膚・白い仮面』海老坂武・加藤晴久訳、みすず書房、一九九八年(原一九五二年)
保坂修司『ジハード主義——アルカイダからイスラーム国へ』岩波書店、二〇一七年
森千香子『排除と抵抗の郊外——フランス〈移民〉集住地域の形成と変容』東京大学出版会、二〇一六年
横田貴之『原理主義の潮流——ムスリム同胞団』山川出版社、二〇〇九年

終章

Baubérot, Jean et Micheline Milot, *Laïcités sans frontières*, Paris, Seuil, 2011

Milot, Micheline, *Laïcité dans le Nouveau Monde: Le cas du Québec*, Turnhout, Brepols, 2002〔『新世界のライシテ』〕
加藤典洋『日本の無思想』平凡社ライブラリー、二〇一五年（増補改訂版）
島薗進『国家神道と日本人』岩波新書、二〇一〇年
伊達聖伸「ケベックの文化的アイデンティティと多文化共生の試み」上智大学アメリカ・カナダ研究所編『北米研究入門——「ナショナル」を問い直す』上智大学出版、二〇一五年
伊達聖伸「ケベックにおける間文化主義的なライシテ——その誕生と試練」上・下、『思想』一一一〇・一一一一号、二〇一六年
伊達聖伸「宗教的なものの軌跡から見る現代社会の危機——日仏比較を通して」福井憲彦編『対立する国家と学問——危機に立ち向かう人文社会科学』勉誠出版、二〇一八年
ドゥブレ、レジス・樋口陽一・三浦信孝・水林章・水林彪『思想としての〈共和国〉——日本のデモクラシーのために』みすず書房、二〇一六年（増補新版）
ブシャール、ジェラール『間文化主義《インターカルチュラリズム》——多文化共生の新しい可能性』丹羽卓監訳、彩流社、二〇一七年（原二〇一二年）
ボベロ、ジャン『世界のなかのライシテ——宗教と政治の関係史』私市正年・中村遥訳、白水社文庫クセジュ、二〇一四年（原二〇〇七年）
宮沢俊義「ライシテ（laïcité）の成立」『憲法論集』有斐閣、一九七八年

あとがき

本書を通じ、ライシテとは「フランス独特の厳格な政教分離」であるという通念を、多少なりとも揺さぶってみたつもりだ。奇を衒《てら》った知的な遊戯としてではない。たとえ日本語環境であれ、紋切り型でライシテについて語り続けると、共生よりも分断という現代世界の動向に加担することにならないか。そのような筆者なりの危機意識がある。

ライシテとイスラームの異質性を文明論や本質主義に落とし込むと厄介だ。それでは八方塞がりの問題設定になってしまう。カト＝ライシテというマジョリティの論理と宗教的マイノリティの関係へと見方をずらすことで、自己批判と共生への努力が過去にもあり、現在もあることから、一縷《いちる》の希望も見えてくるのではないだろうか。

もちろん楽観はできない。難局は今しばらく続くだろう。すでに手遅れの感もある。この先もっとひどくなるかもしれない。それでも、ライシテとイスラームは共存できないとは言えない。現状においても、将来的展望においても。

奥行きと広がりを備えたライシテを、新書一冊で扱うのは無謀でもあった。網羅的であるには程遠いが、紙幅の制約があったからこそ、ひとまずと割り切り、素材を吟味し論点を絞っていくことができたとも感じている。

本書のアイデアは、ここ数年間の研究や上智大学での授業などを通して徐々にできてきたものだが、二〇一七年度のサバティカル休暇を利用し、カナダ・ケベック州のモンレアル(モントリオール)にて、春から夏にかけて集中的に書きあげた(現在進行形で動いている内容もあり、秋以降の展開についても原稿を見直す際に適宜補ったが、本文の情報は二〇一七年末までで区切ってある)。

日本に残っていたら、多少時間があっても本は完成できなかったかもしれない。フランスで過ごしたら、あるいは多少異なるまとめ方になったかもしれない。いずれにしても、この時期に日本を離れたことには、若干の後ろめたさと幾許《いくばく》かの安堵感の両方があった。

それでも情報には接するわけで、直接的には日本を扱っていない箇所でも、執筆中には民主主義の危機、排外主義の高まり、テロの脅威など、現代のライシテを取り巻く状況は日本とも地続きという認識を何度も新たにした。ヴォルテールの「卑劣漢を粉砕せよ」やゾラの「真実は前進する」の言葉に象徴される闘いは、別の国の昔の話であるどころか、現代日本の文脈でも大きな意義を持ちうるとの実感をしみじみと抱いた。

本書執筆については、多くの方々にお世話になっている。全員のお名前を記すことはできないが、ここでは時間的また物理的に執筆に専念する環境を作ってくれた、ケベック大学モンレアル校（UQAM）のミシュリーヌ・ミロ教授、快く在外研究に送り出してくださった上智大学の同僚の先生方、そして家族にお礼を言いたい。

増田一夫、福田美雪、田中浩喜の各氏には、本書の草稿を読んでいただき、貴重なコメントを頂戴した。岩波書店の島村典行氏からは、新書らしい本にするための助言をいただいた。

本書は、科研費国際共同研究強化「ライシテ（非宗教性）と宗教の公共性――フランス、ケベック、日本を事例として」および基盤研究（B）「ヨーロッパの世俗的・宗教的アイデンティティの行方――政教関係の学際的比較研究」の成果の一部である。ひとまずの結果を形にすることができて、ほっとしている。

二〇一八年一月　モンレアルの寓居にて

伊達聖伸

伊達聖伸

1975年仙台市生まれ．東京大学文学部卒業．
フランス国立リール第三大学博士課程修了(Ph.D.)
現在―上智大学外国語学部フランス語学科准教授
専攻―宗教学・フランス語圏地域研究
著書―『ライシテ，道徳，宗教学』(勁草書房)
『社会統合と宗教的なもの』『共和国か宗教か，それとも』(以上，共編著，白水社) ほか

ライシテから読む現代フランス
―政治と宗教のいま　　岩波新書(新赤版)1710

2018年3月20日　第1刷発行

著　者　伊達聖伸《だてきよのぶ》

発行者　岡本　厚

発行所　株式会社 岩波書店
〒101-8002 東京都千代田区一ツ橋 2-5-5
案内 03-5210-4000　営業部 03-5210-4111
http://www.iwanami.co.jp/

新書編集部 03-5210-4054
http://www.iwanamishinsho.com/

印刷・精興社　カバー・半七印刷　製本・中永製本

ISBN 978-4-00-431710-4　　Printed in Japan

岩波新書新赤版一〇〇〇点に際して

ひとつの時代が終わったと言われて久しい。だが、その先にいかなる時代を展望するのか、私たちはその輪郭すら描きえていない。二〇世紀から持ち越した課題の多くは、未だ解決の緒を見つけることのできないままであり、二一世紀が新たに招きよせた問題も少なくない。グローバル資本主義の浸透、憎悪の連鎖、暴力の応酬——世界は混沌として深い不安の只中にある。

現代社会においては変化が常態となり、速さと新しさに絶対的な価値が与えられた。消費社会の深化と情報技術の革命は、種々の境界を無くし、人々の生活やコミュニケーションの様式を根底から変容させてきた。ライフスタイルは多様化し、一面では個人の生き方をそれぞれが選びとる時代が始まっている。同時に、新たな格差が生まれ、様々な次元での亀裂や分断が深まっている。社会や歴史に対する意識が揺らぎ、普遍的な理念に対する根本的な懐疑や、現実を変えることへの無力感がひそかに根を張りつつある。そして生きることに誰もが困難を覚える時代が到来している。

しかし、日常生活のそれぞれの場で、自由と民主主義を獲得し実践することを通じて、私たち自身がそうした閉塞を乗り超え、希望の時代の幕開けを告げてゆくことは不可能ではあるまい。そのために、いま求められていること——それは、個と個の間で開かれた対話を積み重ねながら、人間らしく生きることの条件について一人ひとりが粘り強く思考することではないか。その営みの糧となるものが、教養に外ならないと私たちは考える。歴史とは何か、よく生きるとはいかなることか、世界そして人間はどこへ向かうべきなのか——こうした根源的な問いとの格闘が、文化と知の厚みを作り出し、個人と社会を支える基盤としての教養となった。まさにそのような教養への道案内こそ、岩波新書が創刊以来、追求してきたことである。

岩波新書は、日中戦争下の一九三八年一一月に赤版として創刊された。創刊の辞は、道義の精神に則らない日本の行動を憂慮し、批判的精神と良心的行動の欠如を戒めつつ、現代人の現代的教養を刊行の目的とする、と謳っている。以後、青版、黄版、新赤版と装いを改めながら、合計二五〇〇点余りを世に問うてきた。そして、いままた新赤版が一〇〇〇点を迎えたのを機に、人間の理性と良心への信頼を再確認し、それに裏打ちされた文化を培っていく決意を込めて、新しい装丁のもとに再出発したいと思う。一冊一冊から吹き出す新風が一人でも多くの読者の許に届くこと、そして希望ある時代への想像力を豊かにかき立てることを切に願う。

（二〇〇六年四月）

政治

日中漂流　毛里和子
共生保障〈支え合い〉の戦略　宮本太郎
シルバー・デモクラシー 戦後世代の覚悟と責任　寺島実郎
憲法と政治　青井未帆
18歳からの民主主義　岩波新書編集部編
検証 安倍イズム　柿崎明二
右傾化する日本政治　中野晃一
外交ドキュメント 歴史認識　服部龍二
日米〈核〉同盟 原爆、核の傘、フクシマ　太田昌克
集団的自衛権と安全保障　豊下楢彦　古関彰一
日本は戦争をするのか　半田滋
アジア力の世紀　進藤榮一
民族紛争　月村太郎
自治体のエネルギー戦略　大野輝之
政治的思考　杉田敦

現代日本の政党デモクラシー　中北浩爾
サイバー時代の戦争　谷口長世
現代中国の政治　唐亮
日本の国会　大山礼子
戦後政治史〔第三版〕　石川真澄　山口二郎
〈私〉時代のデモクラシー　宇野重規
大臣〔増補版〕　菅直人
生活保障 排除しない社会へ　宮本太郎
「ふるさと」の発想　西川一誠
政治の精神　佐々木毅
「戦地」派遣 変わる自衛隊　半田滋
民族とネイション　塩川伸明
昭和天皇　原武史
集団的自衛権とは何か　豊下楢彦
沖縄密約　西山太吉
ルポ 改憲潮流　斎藤貴男
吉田茂　原彬久
戦後政治の崩壊　山口二郎

市民の政治学　篠原一
東京都政　佐々木信夫
有事法制批判　憲法再生フォーラム編
日本政治 再生の条件　山口二郎編著
安保条約の成立　豊下楢彦
岸信介　原彬久
自由主義の再検討　藤原保信
海を渡る自衛隊　佐々木芳隆
一九六〇年五月一九日　日高六郎編
日本の政治風土　篠原一
近代の政治思想　福田歓一

現代世界

- 習近平の中国 百年の夢と現実　林　望
- 中国のフロンティア　川島　真
- シリア情勢　青山弘之
- ルポ トランプ王国　金成隆一
- ルポ 難民追跡 バルカンルートを行く　坂口裕彦
- アメリカ政治の壁　渡辺将人
- プーチンとG8の終焉　佐藤親賢
- 香港 中国と向き合う自由都市　倉田徹 張イクマン
- 〈文化〉を捉え直す　渡辺　靖
- イスラーム圏で働く　桜井啓子編
- 中南海 知られざる中国の中枢　稲垣　清
- フォト・ドキュメンタリー 人間の尊厳　林　典子
- (株)貧困大国アメリカ　堤　未果
- 女たちの韓流　山下英愛
- 新・現代アフリカ入門　勝俣　誠
- 中国の市民社会　李　妍焱
- 勝てないアメリカ　大治朋子
- ブラジル 跳躍の軌跡　堀坂浩太郎
- 非アメリカを生きる　室　謙二
- ネット大国中国　遠藤　誉
- 中国は、いま　国分良成編
- ジプシーを訪ねて　関口義人
- 中国エネルギー事情　郭　四志
- アメリカン・デモクラシーの逆説　渡辺　靖
- ユーラシア胎動　堀江則雄
- オバマ演説集　三浦俊章編訳
- ルポ 貧困大国アメリカII　堤　未果
- オバマは何を変えるか　砂田一郎
- タイ中進国の模索　末廣　昭
- 平和構築　東　大作
- イスラエル　臼杵　陽
- ドキュメント アメリカの金権政治　軽部謙介
- ネイティブ・アメリカン　鎌田　遵
- アフリカ・レポート　松本仁一
- ヴェトナム新時代　坪井善明
- イラクは食べる　酒井啓子
- ルポ 貧困大国アメリカ　堤　未果
- エビと日本人II　村井吉敬
- 北朝鮮は、いま　北朝鮮研究学会編 石坂浩一監訳
- 欧州連合 統治の論理とゆくえ　庄司克宏
- バチカン　郷　富佐子
- 国際連合 軌跡と展望　明石　康
- アメリカよ、美しく年をとれ　猿谷　要
- 日中関係 戦後から新時代へ　毛里和子
- いま平和とは　最上敏樹
- 「民族浄化」を裁く　多谷千香子
- サウジアラビア　保坂修司
- 中国激流 13億のゆくえ　興梠一郎
- 多民族国家 中国　王　柯
- 国連とアメリカ　最上敏樹
- 東アジア共同体　谷口　誠

岩波新書より

ヨーロッパとイスラーム	内藤正典
現代の戦争被害	小池政行
帝国を壊すために	アルンダティ・ロイ 本橋哲也訳
多文化世界	青木保
デモクラシーの帝国	藤原帰一
パレスチナ〔新版〕	広河隆一
人道的介入	最上敏樹
異文化理解	青木保
ロシア市民	中村逸郎
ロシア経済事情	小川和男
ユーゴスラヴィア現代史	柴宜弘
ビルマ 「発展」のなかの人びと	田辺寿夫
東南アジアを知る	鶴見良行
獄中19年	徐勝
ハワイ	山中速人
モンゴルに暮らす	一ノ瀬恵
チェルノブイリ報告	広河隆一
イスラームの日常世界	片倉もとこ
エビと日本人	村井吉敬
バナナと日本人	鶴見良行
イギリスと日本	森嶋通夫
韓国からの通信	T・K生 「世界」編集部編
非ユダヤ的ユダヤ人	I・ドイッチャー 鈴木一郎訳

岩波新書/最新刊から

1701 **棋士とAI** ―アルファ碁から始まった未来― 王銘琬 著

世界が注目するアルファ碁とは何か。ソフト制作も知る人気棋士が人間とAIの交錯、囲碁の面白さを披露する。

1702 **技術の街道をゆく** 畑村洋太郎 著

現地を訪ね、現物に触り、現場の人と議論する。苦境に立つ日本の技術。生き残る道をさぐる、ハタムラ版「街道をゆく」である。

1703 **官僚たちのアベノミクス** ―異形の経済政策はいかに作られたか― 軽部謙介 著

官邸、経産省、財務省、金融庁、日銀、財界、有識者……誰が、どんな論理で、どう動いたのか。水面下の闘いを生々しく再現する。

1704 **地元経済を創りなおす** ―分析・診断・対策― 枝廣淳子 著

地元経済の現状を自分で可視化する。悪循環を断ち切り、外部に依存しすぎない地元経済の回し方を考える。そのためのガイドブック。

1705 **ベルルスコーニの時代** ―崩れゆくイタリア政治― 村上信一郎 著

ポピュリズム的な人気、マフィアとの癒着、メディアの買収……新たな政治腐敗の構図を生み出した〝先駆的〟政治家の実像。

1706 **ナポレオン** ―最後の専制君主、最初の近代政治家― 杉本淑彦 著

若き日の革命人士としての行動、エジプト遠征、プロパガンダ等の新たな視点もふまえながら、歴史のなかの生涯を多角的に描きだす。

1707 **経済数学入門の入門** 田中久稔 著

経済学の主流は実証分析へと大きくシフトした。ますます重要なのが数学だ。予備知識なしで読める、入門以前の「入門の入門」。

1708 **津波災害 増補版** ―減災社会を築く― 河田惠昭 著

「必ず、来る！」。東日本大震災の直前に刊行され、反響を呼んだ本書。3・11大津波と、南海トラフ巨大地震について増補する。

(2018.3)